AF286065

DUMONT

Nilz Bokelberg erzählt ein Leben anhand von Musik: große Songs, wichtige Platten, aber auch musikalische Enttäuschungen. Es geht ums Erwachsenwerden, um den Soundtrack zum Pickelausdrücken, um das Glück eines gelungenen Flohmarktkaufs, um das Fieber beim Auspacken einer neuen Platte, um den Zauber des Aufsetzens der Nadel, um dieses ganz gewisse Knistern, um Luftgitarre vor dem Spiegel und Pogo im Wohnzimmer. Vor allem aber geht es um Musik. Denn die war immer da. Und das Tolle ist: Je persönlicher diese Geschichten über die schönste Hauptsache der Welt werden, desto mehr findet man sich selbst darin wieder.

Dieses Buch rockt.

Nilz Bokelberg, Jahrgang 1976, wuchs in einer deutschen Kleinstadt auf, wo er bereits im Alter von sechs Jahren eine eigene Zeitschrift herausbrachte (Auflage: ein Exemplar, aber dafür einmal drei Ausgaben an einem Abend). Mit 17 Jahren war er eines der ersten Gesichter des neu gegründeten Musiksenders VIVA. Während seines Regiestudiums in München entdeckte er das Bloggen für sich und wurde zu einem der bekanntesten Blogger Deutschlands.

2010 erschien ›Ich schmeiß alles hin und werd Prinzessin‹.

www.qlod.org/weltfrieden
www.facebook.com/weltfrieden
www.twitter.com/nilzenburger

Nilz Bokelberg

Endlich gute Musik

DUMONT

Für MCA. Und Anna Maria.

Deutsche Erstausgabe
Zweite Auflage 2013
DuMont Buchverlag, Köln
Alle Rechte vorbehalten
Umschlag: Lübbeke Naumann Thoben, Köln
Umschlagabbildung: © Dan Talson – Fotolia.com
Gesetzt aus der Adobe Garamond und der Trade Gothic
Druck und Verarbeitung: CPI – Clausen & Bosse, Leck
Gedruckt auf säurefreiem und chlorfrei gebleichtem Papier
Printed in Germany
ISBN 978-3-8321-6244-3

www.dumont-buchverlag.de

»Music's for you and me – not the fuckin' industry!«
Biohazard, »Business«

»Diese Platte eröffnet das Zeitalter des Allround-Styles!
Digital oder analog. Schrammel oder Beats.
Alles wird gut. Denn die Mutter von alledem
heißt Musik. Und Mutter hat immer recht.«

Fischmob, aus dem Innencover von *Power*

Check, check. Hallo? Hallo? Eins, zwei, eins, zwei.

…

Hey. Hey. HEY.

…

Okay.

…

Hallo zusammen! Mein Name ist Nilz Bokelberg.

…

Und hier sind ein paar meiner Lieblingslieder:

Woher kennst du eigentlich die Beatles?

Zwei Krankheitsbilder haben meine Kindheit geprägt: Ich hatte zum einen überdurchschnittlich oft Bauchschmerzen, was nach einem Ultraschall mit einer komischen Luftblase im Bauch begründet wurde, die ich durch Weizenkleie im Nussjoghurt wieder loswerden sollte. Das hat, glaube ich, auch ganz gut hingehauen. Zumindest waren die Beschwerden irgendwann vorbei.

Das andere waren meine diversen Erkältungen, immer begleitet von übergroßer Schleimproduktion und Halsschmerzen. Das war supernervig. Deswegen haben wir auch dagegen etwas getan.

Erst mal habe ich die Polypen rausgenommen gekriegt. Da war ich noch ziemlich jung und hatte keine Ahnung, was mich erwartet. Meine Mutter machte während der Untersuchung die ganze Zeit ein leicht besorgtes Gesicht, und das hat mich auch ein wenig beunruhigt. Dann bekam ich eine Maske aufgesetzt, roch ekliges Gas, und bevor der Doktor bis drei gezählt hatte, war ich auch schon eingeschlafen. Am gruseligsten daran ist, dass ich mich bis heute noch an den unheimlichen Narkose-Traum erinnern kann: mit einem Joker, dessen grinsendes Gesicht immer wieder dreifach auf dem Display eines einarmigen Banditen erschien und mich diabolisch auslachte.

Die Schleimproduktion war danach deutlich verringert, es blieb aber immer noch der schmerzende Hals. Bei den ersten Anzeichen von Wintereinbruch ging es sofort wieder los: Meine Mandeln waren gerötet und dick. Die glühten schon durch den Hals durch.

Wir haben uns das mehrere Jahre angesehen, und in einem Winter, kurz vor meinem 17. Geburtstag, war es wieder besonders schlimm. Meine Mutter fuhr mit mir zum Krankenhaus, wo sich herausstellte, dass ich einen Abszess im Hals hatte, direkt neben den entzündeten Mandeln. Wäre ich damit noch eine Woche länger herumgelaufen, hätte ich daran ersticken können. Also war klar: Die Mandeln müssen raus.

Als ich kurz vor der Narkose auf dem OP-Tisch lag, wurde ich noch von den lachenden Ärzten gefragt, welche Musik ich denn gerne hören würde, und selbstverständlich antwortete ich: »Nirvana.«

Die Band um Kurt Cobain war für mich damals das Maß aller Dinge. Diese anziehende, kompromisslose und leicht pathetische Wut bot einem pubertären Jugendlichen aus einer unspektakulären Kleinstadt unweit des Rheins, mit einem Karstadt und zwei Eisdielen in der rot gepflasterten Fußgängerzone, genau das richtige Ventil für all die Kraft und die Energie, die plötzlich aus dem Körper rauswollten. Das war die Band, die Musik, von der man sich verstanden fühlte. Bevor ich aber irgendein Lied hätte hören können, war ich schon weggetreten. Beim Aufwachen spuckte ich Blut in eine Nierenschale. Die Mandeln waren raus. Das war geschafft.

Jetzt musste ich eine Woche im Krankenhaus bleiben und durfte nur Eis und leckere McDonald's-Erdbeermilchshakes zu mir nehmen, die mir meine Schwester manchmal abends vorbeibrachte. Meinen Geburtstag feierten wir ein wenig auf meinem Zimmer. Ich bekam einen Discman (endlich ein CD-Player!) und das neue Ärzte-Album *Die Bestie in Menschengestalt* dazu, das erste nach der Reunion. Nun hatte ich auch ein bisschen Stoff zum Hören. Aber bei Weitem nicht genug, wie mein ältester Bruder fand. Deswegen hatte er mir zwei Kassetten für meinen Walkman aufgenommen:

Auf einer war *Siamese Dream* von den Smashing Pumpkins

und auf der Rückseite *Meantime* von Helmet. Ich hatte von beiden Bands noch nie gehört, aber mein Bruder meinte, die wären gut, und seinem Geschmack konnte ich eigentlich fast immer blind vertrauen.

Das andere Tape machte mich da schon deutlich skeptischer: Auf der einen Seite *Sgt. Pepper's Lonely Hearts Club Band* und auf der anderen *Abbey Road*, beide von den Beatles. Er meinte, das wären gute Platten. Puh. Das forderte mich ein wenig heraus. Ich kannte doch die Beatles. Ich hatte irgendwann einmal im Nachmittagsprogramm den *Yellow Submarine*-Film im ZDF gesehen, und ja, das waren vielleicht ganz gute Songs, aber ehrlich: Ich war jetzt Grunge-Fan, da hörte man doch nicht mehr so 'nen Pop-Quatsch wie »Yellow Submarine«, »Ob-La-Di, Ob-La-Da« oder »Nowhere Man«. Ich kannte auch »She Loves You« oder »Help«, das waren Oldies. Das war uncool. Vor allem für einen 17-Jährigen. Ich verstand nicht, warum er mir diese Kassette aufgenommen hatte. Auf jeden Fall wanderte sie erst einmal in die Schublade, und ich hörte abwechselnd Pumpkins, Helmet und Ärzte. Gutes Programm.

Es wurde jeden Tag langweiliger. Ich bekam zwar manchmal Besuch, aber sämtliche Zeitschriften waren schon 30-mal durchgelesen, und ein wirklich spannendes Buch hatte ich auch nicht dabei. Es blieb nichts zu tun, außer aus dem Fenster zu gucken. Und selbst von Eis und Milchshakes hat man nach drei Tagen die Schnauze voll. Mir war jetzt langsam mal nach etwas Warmem, Deftigem. Das würde aber noch ein paar Tage auf sich warten lassen. Und aus dieser Langeweile und Verzweiflung heraus griff ich zum Tape in der Schublade.

Was hab ich schon zu verlieren? Hier sieht mich ja keiner. Und so ein kleiner Pop-Hit käme jetzt eigentlich ganz gut. Ah, »With A Little Help From My Friends«, das hab ich schon mal gehört. Das kenne ich. Und ein paar andere auch, vor allem »When I'm 64«. Auch »Come together« kommt mir bekannt vor. Okay, ich muss zugeben, die sind gar nicht soooooo uncool, die Songs, wie ich immer dachte. Das war schon okay alles. Ganz nett eigentlich. Kann man sich schon mal anhören. Da mein Walkman Autoreverse hat, weiß ich oft gar nicht, auf welcher Seite ich gerade bin. Und dann plötzlich kommt das Lied. Das Lied, das alles verändert. Sieben Minuten und siebenundvierzig Sekunden Dreck. Power. Energie. Liebe. Lust. Triefendes Fett. Plötzlich wird mir klar: Keine Band der Welt ist auf einen einzigen Stil angewiesen. Musik bedeutet viel mehr als meine Klischees im Kopf. Musik ist die größte Freiheit von allen. Nur weil sich keiner traut, die Grenzen zu überwinden, heißt das nicht, dass man es nicht kann. Was für ein Stück, was für ein Monster von einem Lied, dessen Titel auch schon der komplette Text ist: »I Want You (She's So Heavy)«. Da steckt so viel drin. Diese schwüle Hitze, die der Song ausströmt. Und dann bricht er plötzlich ab. Ich überprüfe das Tape, aber das ist noch lange nicht vorbei. Nein, kein Fehler, das Ende ist so gedacht. Anders hätte man so ein Ungetüm von Lied auch gar nicht beenden können als mit einem schnellen und klaren Cut. Einfach aus, und das war's. So und nicht anders.

Ich spulte zurück und hörte es noch einmal, und es hatte immer noch dieselbe Power, vielleicht sogar noch mehr. Hier kamen Nirvana her, hier kamen Pantera her. Hier kam alles her, was geil war. Ich habe das Lied an diesem Nachmittag noch so oft gehört, bis die Batterien meines Walkmans leer waren. Endlich hatte ich ihn gefunden: den Schlüssel zur Musik. Ich weiß nicht einmal, ob es eine Rolle spielte, dass der Song von den Beatles war. Vielleicht machte er dadurch noch ein bisschen mehr Eindruck auf mich, weil ich so etwas gerade von denen am allerwenigsten erwartet hätte. Jedenfalls war die Büchse der Pandora geöffnet: Ab sofort liebte ich Musik wirklich. In allen nur erdenklichen Formen. Na ja, beinahe: Reggae kann ich auch nach mehreren Versuchen immer noch nicht leiden. Aber die Beatles waren ja auch nie auf Jamaika.

Musik zum Text:

»Smells Like Teen Spirit« aus *Nevermind* – Nirvana
»FaFaFa« aus *Die Bestie in Menschengestalt* – Die Ärzte
»Soma« aus *Siamese Dream* – Smashing Pumpkins
»Fbla II« aus *Meantime* – Helmet
»Yellow Submarine« aus *Revolver* – The Beatles
»Ob-La-Di, Ob-La-Da« aus *The Beatles* – The Beatles
»Nowhere Man« aus *Rubber Soul* – The Beatles
»She Loves You« aus *The Beatles' Second Album* –
The Beatles
»Help!« aus *Help!* – The Beatles
»With A Little Help From My Friends« aus *Sgt. Pepper's Lonely Hearts Club Band* – The Beatles
»When I'm 64« aus *Sgt. Pepper's Lonely Hearts Club Band* – The Beatles
»Come Together« aus *Abbey Road* – The Beatles
»I Want You (She's So Heavy)« aus *Abbey Road* – The Beatles
»Walk« aus *Vulgar Display Of Power* – Pantera

Der schwere Weg zum HipHop

Irgendwie finde ich es viel komplizierter, zu einem gesampelten Beat eine Beziehung aufzubauen als zu einem Rocksong, der ja über das Gitarrensolo als für jeden Menschen leicht verständliche emotionale Klimax verfügt. Ein Rapsong aber hat in der Regel kein Gitarrensolo. Da muss man die Höhepunkte im Text suchen. Das bedeutet, dass eine andere Art von Aufmerksamkeit gefordert ist.

Nun hat das Schulenglisch, zu dem man mit 15 Jahren imstande ist, leider nur sehr wenig mit dem L. A.-Ghetto-Slang der frühen Neunziger gemein, und ich gab es bald auf, irgendetwas verstehen zu wollen, wenn meine Freunde wieder einmal begeistert ihre Rap-Platten auflegten. Man konnte aber auch nicht unbedingt behaupten, dass die besser Englisch sprachen als ich. Also hatten die einen Zugang zu der Musik, den ich irgendwie noch nicht hatte, aber doch unbedingt finden wollte. Mir war klar, dass ich mich dem Genre erst einmal über die Sprache nähern musste, und es gab eine Band, die mir sehr dabei geholfen hat. Ich hatte irgendwo aufgeschnappt, dass es da jetzt so eine ganz lustige Band geben sollte, die auf Deutsch rappte. Das wollte ich mir unbedingt anhören, und ich begann, alle Plattenläden im Umkreis zu durchstöbern. Aber erst im letzten (El-Pi in Bonn) sollte ich fündig werden und endlich das rote Album mit der weißen Schrift in den Händen halten: *Jetzt geht's ab*, hieß die Platte, und ich war sehr aufgeregt. In meinem Jugendzimmer auf dem Dachboden legte ich sie dann schließlich auf und hörte die ersten Takte aus meiner Sony-Kompaktanlage kommen:

(Gescratcht:) *»Jetzt passt auf!«*
Schönen guten Abend, meine Damen und Herrn,
Wir machen Rapmusik, und wir hören sie auch gern.
Herzlich willkommen zu unserer Show,
Und meine Wenigkeit, ich heiße S.M.U.D.O.

Nachdem Smudo dann noch seine Mitstreiter vorgestellt hatte, fing plötzlich das Beatbrett an zu pumpen. Und dann ging's los. Begriffe wie »Mädchenkopfverdreher« (cool!), »Mikrofonverbraucher« (yeah!) oder »Geschlechtsverkehrer« (häh?) trommelten durch meine Ohren und meinen Kopf und von dort aus durch meinen ganzen Körper.

Begeistert hörte ich mir das ganze Album an. Und noch mal. Und noch mal. Und noch mal. Das hier war cool und lustig zugleich, und das war neu! Das konnten bis dahin, wenn überhaupt, nur die Ärzte. Streng genommen waren die Ärzte auch die Ersten gewesen, die mir etwas auf Deutsch vorgerappt hatten. Auf ihrer »Radio brennt«-Maxi gab es in der Extended Version nämlich als Intro einen Rap mit den schönen Zeilen:

Rappen kann ich, rappen kannst du,
Rappen kann ein Esel genauso wie ein Gnu.
Die Leute halten uns für ausgemachte Deppen,
Doch wir sind klasse, denn wir können rappen!

Aber richtiger HipHop hatte eine andere Art von Coolness. Dazu konnte man anders tanzen. Anders laufen (wenn man, Walkmankopfhörer auf den Ohren, durch die Stadt ging). Anders *sein*.

Jetzt konnte ich plötzlich auch HipHop in Sprachen hören, die ich nur einigermaßen verstand, wie Englisch oder Französisch. Es ging schließlich vor allem um die Rhythmik. Wahrscheinlich hätte ich mich zu der Zeit auch für russischen Rap begeistern können. Na ja … wahrscheinlich.

Ich war jetzt auf jeden Fall ganz Ohr, wenn es um Rap ging, und ließ mir Sachen wie BDP oder N.W.A. vorspielen. Auch Das EFX fand ich ganz cool. Vor allem aber »Guerillas In Tha Mist« von Da Lench Mob hatte es mir angetan, mit seiner bedrohlichen Soundkulisse und diesen unheilvollen Harmonien im Sample. »Tap The Bottle« von den YBT war ebenfalls großartig. Ein klassischer Partytrack eben. So wie »Jump Around« von House of Pain, zu dem wir genauso selbstverständlich pogten wie zu irgendeiner Punk- oder Metalnummer. HipHop war da und nicht mehr wegzudenken. Und dann explodierte plötzlich alles.

Ice-T, dessen Rapalben mich wegen mangelnder Beatoriginalität eher kaltließen, hatte eine neue Band. Eine richtige Band. Body Count hieß die, und schon die erste Single schlug ein wie eine Bombe. »There Goes The Neighborhood« war laut, krachend, brutal, heftig. Das war Metal und gleichzeitig Rap. Das zeigte, wie nah sich die Genres doch waren. Klar, Body Count haben den Crossover nicht erfunden. Die Red Hot Chili Peppers gab es zum Beispiel schon. Aber das waren alles immer Musiker, das war nicht so brachial.

Ice-T und seine Metalband, die haben sich überhaupt nicht für Gitarrengewichse interessiert. Das erstbeste Riff reichte aus – schon konnte der Meister einen Song über seinen bösen Schwanz (»Evil Dick«, der heimliche Klassiker des Albums) drüberrappen. Der Skandal um das Lied »Cop Killer«, nach dessen Veröffentlichung die Erstauflage wieder vom Markt genommen und eingestampft wurde (also wohl die drei Exemplare, die noch nicht verkauft waren), tat sein Übriges. Da machten böse

Jungs mit *street credibility* und coolen Styles richtig geile Mucke. Endlich wuchs zusammen, was schon lange zusammengehörte.

Jetzt konnte ich also Metal, Punk, Grunge und Rap hören. Meine musikalische Vielfalt schien ins Unermessliche zu wachsen. Da blieb natürlich nur noch eins: Ich musste einen eigenen Rap schreiben. Und der ging so:

Du magst Bier, ich mag es auch,
Bier trinken ist wie ein alter Brauch.
Erst wegschütten, dann umkippen,
Und dann packst du irgendner Alten an die Titten.
Sie haut dir eine runter, doch das macht dir nix aus,
Denn du bist besoffen und gehst nach Haus.
Da steht ein Glas, das ist noch voll,
Du denkst: Au klasse! Spitze! Toll!
Schon bist du das Bier am Trinken,
Doch es war tierisch am Stinken!
Du bist auf dem Boden gelanden,
Denn das Bier war abgestanden!

Abgestandenes Bier, abgestandenes Bier
Mögen wir
Nicht!
Abgestandenes Bier
Mögen wir nicht, mögen wir nicht.
Abgestandenes Bier, abgestandenes Bier
MÖ-GEN WIR NICHT!

Schon damals ein Klassiker des deutschsprachigen Sprechgesangs. Und der Beweis: Ich war jetzt auch HipHop. Yo!

Musik zum Text:

»Jetzt passt auf« aus *Jetzt geht's ab* – Die fantastischen Vier
»Radio brennt« aus *Radio brennt* (Maxi) – Die Ärzte
»Stop The Violence« aus *By All Means Necessary* – Boogie Down Productions
»Straight Outta Compton« aus *Straight Outta Compton* – N.W.A.
»They Want EFX« aus *Dead Serious* – Das EFX
»Guerillas In Tha Mist« aus *Guerillas In Tha Mist* – Da Lench Mob
»Tap The Bottle« aus *Dead Enz Kidz Doin' Lifetime Bidz* – Young Black Teenagers
»Jump Around« aus *Jump Around* – House of Pain
»I'm Your Pusher« aus *Power* – Ice-T
»There Goes The Neighborhood« aus *Body Count* – Body Count
»Give It Away« aus *Blood Sugar Sex Magik* – Red Hot Chili Peppers
»Evil Dick« aus *Body Count* – Body Count
»Abgestandenes Bier« aus *Im Zeichen des Arm-Bein-Män* – Fritten und Bier

Achtziger

Ich habe eine Eintrittskarte geschenkt bekommen. »Hits of the 80ies« in der Berliner O_2 World. Na gut, guck ich mir das halt mal an. Das Line-up war:

Nik Kershaw
ABC
Alphaville
Level 42
Tony Hadley, der Sänger von Spandau Ballet

Über die ersten drei müssen wir nicht groß reden, von solide bis seltsam war bei den Auftritten alles dabei. Aber dann wurde es, auch musikalisch, interessant. Level 42 sind wohl das, was man eine Mucker-Band nennt. Der Sänger und Bassist sah aus, als hätte man nach dem Konzert noch eine Haftpflichtversicherung bei ihm abschließen können. Kariertes Flanellhemd, in die Hose gesteckt. Dazu ein »kopfloser« Bass mit blinkenden LED-Lichtern auf dem Hals. Nun ja. Muss man mögen, so was.

Andererseits machte auch der Großteil des Publikums den Eindruck, an einer Haftpflicht durchaus interessiert zu sein. So diese Art von Publikum, die man sich immer bei Oldie-Shows vorstellt. Das soll gar nicht abwertend klingen, und schließlich war ich ja jetzt irgendwie ein Teil davon. Vielleicht hat mich das auch einfach nur erschreckt: plötzlich auf einer Veranstaltung lauthals mitzugrölen, über die ich noch vor ein paar Jahren die Nase gerümpft hätte. Level 42 waren aber toll. Schon das zweite oder dritte Lied war »Running In The Family«, und ich habe mich ärgerlich gewundert (oder verwundert geärgert), dass die Leute nicht *mehr* abgegangen sind, weil das ja auch ein Hit von denen war und ein noch deutlich tolleres Stück als das ebenfalls gute »Lessons In Love«. Aber, ach, Oldie-Show-Publikum will eben nur hören, was es sowieso schon täglich im Radio hört. »Mit dem Besten der 70er, 80er, 90er« oder wie schlimm auch immer diese Formatradiogrützeslogans lauten.

Doch davon ließ die Band sich gar nicht weiter beeindrucken. Die spielten in aller Ruhe ihren Stiefel runter, und der Applaus ließ auch durchaus den nötigen Respekt für die musikalische Leistung erahnen. Der junge Schlagzeuger trommelte sich einen ab, während der souveräne Bassist den einen oder anderen kleinen Schlenker in seine Bassläufe einfließen ließ, ein bisschen so, als wollte er beweisen, wie locker und perfekt er sein Instrument beherrschte. Das war natürlich angeberisch, aber hey, wir sind Jungs! Wir dürfen so was, und wir dürfen so was auch gut finden! (Äh, Mädchen übrigens auch …)

Und dann Tony Hadley. Der antrat, um gleich mehrere Dinge zu beweisen:

- Ein echter Star kommt nicht nur im Anzug, sondern auch mit Weinglas in der Hand auf die Bühne.
- So leid mir das tut: Man braucht Spandau Ballet nicht, oder besser gesagt: Hadley IST Spandau Ballet. Mir wollte zumindest partout nicht einfallen, wie irgendeines der anderen Bandmitglieder noch mal aussah, und die mitgereiste Band klang genau wie das Original. Sorry, aber so war es nun mal.
- Coolness. Ist. König.

Das war wirklich eine coole Show, die der abzog. Als Opener sang er ein Cover von den Killers (»Somebody Told Me«), dann ein wenig Spandau Ballet, wobei er besonderen Wert auf

»Through The Barricades« legte und meinte, dass das eines der besten Spandau-Ballet-Lieder überhaupt sei (was völlig korrekt ist!!!), und dann coverte er auch noch – »für Freddy« – »Somebody To Love«, den perfekten Queen-Song, und bewies damit, dass er eigentlich der perfekte »neue« Sänger für die sein könnte. Den Abschluss bildete, natürlich, »Gold«. Und dann strömten die Menschen aus der Halle. Also die, die noch da waren. Viele waren nämlich früher gegangen. Warum auch immer.

Das waren sie also, die 80er? Soll das wirklich alles sein, was davon übrig blieb? Ein trauriges, kleines Festival, moderiert von einem Gute-Laune-Bären? Und ein Publikum, das geht, wenn es nicht sofort seine Hits kriegt?

Die prägende Musik dieser Dekade ist mit Sicherheit der Synthie-Pop, denn seltsamerweise fällt einem zum Beispiel »Billie Jean« nie auf Anhieb ein, wenn man von Musik der achtziger Jahre spricht. Das war zu zeitlos. Die Achtziger, das sind kühle Synthesizer, die manchmal kurioserweise ganz warm werden. Oder lieblicher Gesang auf reduzierten Kompositionen. »Tainted Love«, anyone? (Und ja: Ich weiß, dass das im Original eine Soulnummer aus den 60ern ist.) Die »Neue Deutsche Welle« bewies in angenehmer Weise, dass Auf-Deutsch-Singen nicht gleich Schlager bedeuten muss, sondern auch derbe international klingen kann. Ich fand vieles davon gut, vieles so lala, und wenn es allzu negativ oder gruselig oder emotionslos wurde, dann mochte ich es gar nicht. Aber ein Lied, das begleitet mich seit damals und hat bis heute nichts von seiner Faszination eingebüßt. Da geh ich jedes Mal mit, wenn ich es höre, und freue mich jedes Mal wieder über den Detailreichtum der Nummer. Da wird ein Räuspern als perkussives Element eingesetzt, die Stimmen springen hin und her, und manchmal wird gesungen, manchmal gesprochen, aber mit Rap hat es nicht die Bohne was zu tun. Der Connaisseur weiß schon, wovon ich rede: Thomas Dolbys Frickel-Nerd-Track »She Blinded Me With Science«.

Das war nicht nur ein reiner Keyboard-Track, der schaffte es auch noch, den Instrumenten völlig neue, nie zuvor gehörte Sounds zu entlocken. Dafür musste man schon ein richtiger Nerd sein. Der hat sich bestimmt die Hälfte seiner Instrumente auch selber gebaut. Dazu das Video, das den ganzen Steampunk-Quatsch vorwegnahm. Hier war ganz klar ein absoluter Oberfreak am Werk.

Ich hab mir dann auch diverse Dolby-Platten geholt und angehört, und tatsächlich ist das so ziemlich der einzige Musiker, der es geschafft hat, mich mit komplett virtuellem Sound zu berühren. Aber man muss auch zugeben, dass er nie wieder etwas so genial und auf den Punkt komponiert hat wie seinen großen Hit.

Vielleicht gibt es diesen Moment nur ein Mal, diesen Moment, in dem alles stimmt. In dem sich einzelne Puzzleteile zu einem großen Werk zusammenfügen und so ein ungewöhnlicher Song dabei rauskommt. Klar, Produzenten und Hitmaschinen wie Quincy Jones sind das Gegenmodell, aber dennoch: Es gibt diese Künstler wie Dolby, Getriebene, die Musik machen müssen, als Ausdruck, als Kunst, als Experimentierfeld. Umso schöner, wenn sie einmal im Mainstream vorbeigucken, um auf sich aufmerksam zu machen. »She Blinded Me With Science« kann ich den ganzen Tag rauf und runter hören.

Leider kann man so ein Buch nicht hören. Deswegen hier der Versuch, das Lied einmal aufzuschreiben. Ich weiß genau, Dolby hätte eine Riesenfreude daran:

Beubabbadadada
Beuubabadadabap!
Badap! Dap!
Dadidadidadida,
Badap! Dap!
Dadidadidadidada
Uiuiuiiiuuuhuuu
Dadidadidadida,
Badap! Dap!
Dadidadidadidada
Badadidadidadida!
Tüüt Tööt Tüüt.
Badadadadap!
Badidadidadidada.
Huh! Huh! Huh! Huh! Huh! Huh!
Tüttütütüt, tütütütütütüüüüt!

Alles klar?

Musik zum Text:

»Running In The Family« aus *Running In The Family* –
Level 42
»Lessons In Love« aus *Running In The Family* – Level 42
»Somebody Told Me« aus *Hot Fuss* – The Killers
»Through The Barricades« aus *Through The Barricades* –
Spandau Ballet
»Somebody To Love« aus *A Day At The Races* – Queen
»Tainted Love« aus *Non-Stop Erotic Cabaret* – Soft Cell
»She Blinded Me With Science« aus *The Golden Age Of
Wireless* – Thomas Dolby

Die fünf besten Balladen aller Zeiten

Die Königsdisziplin des Pop ist die Ballade. Herzschmerz adäquat zu vertonen ist eines jeden Musikers größter Wunsch, vielleicht sogar der größte Antrieb, den man zum Musikmachen haben kann (ausgenommen diejenigen, denen es nur ums schnelle Geld geht – wobei selbst die wissen, dass sich Balladen immer am besten verkaufen …).

Man will über die Verflossene hinwegkommen. Manchmal will man womöglich auch Rache üben: indem man ihr mit einem Lied noch einen letzten Stich versetzt. Ihr zeigt, was noch alles hätte kommen können. Ihr beweist, zu welcher Grandezza man imstande ist. Quasi ein musikalisches »All das hätte dir gehören können«.

Was auch immer der Antrieb dafür ist, eine Ballade zu schreiben: eine wirklich gute vergeht niemals. Passt auf jedes Mädchentape. Lässt sich beim Karaoke wunderbar schmettern. Und klingt wie: Liebe.

Platz 5
»These Days« – Christiane Rösinger
Christiane ist Ex-Lassie-Singer. Mehr muss man nicht wissen. Das steht einfach für textliches Auf-den-Punkt-Kommen. Und so hat sie es auch bei diesem Song auf ihrer Soloplatte gehalten:

Mir ist gar nicht so nach rumziehen.
Nicht mal mehr umziehen – will ich mich zur Zeit …

Dieses Im-Bett-Liegen-und-nicht-mehr-Rauskommen. Diese Tage, an denen man eigentlich rausmüsste, aber nicht will. An denen einen die Welt nicht braucht, was auf Gegenseitigkeit beruht. Dazu vielleicht eine kleine Dosis Selbstbetrug à la »Ach, mir geht's doch eigentlich gut, so allein«. Irgendwie schafft Frau Rösinger es immer, exakt die richtigen Worte zu finden, um solche Zustände zu beschreiben. Ein perfektes Balladenthema. Und die Ballade endet irrsinnig schön und weise:

Und wenn Du sagst:
»Das klingt verzagt
Und gar nicht mehr
Nach der, die ich sonst bin!« –
Es ist doch nur, weil meine Lieder
Immer schon klüger
Als ich sind.

Platz 4
»Your Song« – Elton John

Es gibt ja unheimlich viele gute Balladen aus dieser Zeit: »He Ain't Heavy« von den Hollies zum Beispiel. Das Gesamtwerk von Bread. »Angie« von den Stones. Oder andere Lieder von Elton John selbst, wie »Rocket Man« oder »Tiny Dancer«. Alles großartige Herzschmerzlieder. Aber »Your Song« hat da noch eine ganz eigene Qualität, ist eine Liga für sich. Man hat zwar zwischendurch das Gefühl, es nicht mehr hören zu können – auch weil es natürlich in *Moulin Rouge* so überstrapaziert wurde –, aber man kann! Das fällt einem spätestens dann auf, wenn es irgendwo läuft. Man kann nicht mehr ohne diesen Song leben, der so wunderbar auf der Metaebene abläuft. Ein Lied über das Lied selbst? »And you can tell everybody: This is your song« – wie unglaublich genial ist das eigentlich? Ich habe dir nichts zu geben außer diesem Lied. Aber es zeigt dir, wie sehr ich dich liebe. Das ist doch wohl das romantischste Bild, das ein Popsong jemals gezeichnet hat. Wenn man dieses Lied hört, verliebt man sich in die erste Person, die man währenddessen ansieht.

Platz 3
»Back For Good« – Take That

In den letzten Jahren bin ich immer wieder über einen Begriff gestolpert, den die Leute verwenden, wenn sie zugeben, etwas toll zu finden, das vermeintlich peinlich ist. Das nennen sie dann »*guilty pleasure*«. Auch Take Thats Überballade wurde lange Zeit als solches gehandelt. Dann waren sie aber irgendwann bereits so lange aufgelöst, dass der Song vom Status des peinlichen Lieblingslieds in den klassischen Balladenkanon aufstieg und heute vermutlich auf keiner *Best of Kuschelrock* fehlen darf. Ich verbinde zwei Geschichten mit dem Lied, dessen Fan ich immer schon war, vom Release an, weil es eine perfekte Ballade ist, mit genau dem richtigen Level an Cheesiness, um nicht total uncool zu sein:

1.) Das Lied war die Zugabe auf der zweiten Fritten-und-Bier-Tournee. Wir haben dann immer unsere Vorband Gagu mit auf die Bühne geholt und in großer Runde gemeinsam den Song geschmettert. Mit allem Herzblut und Herzschmerz, inbrünstig und voller Liebe. Und am Ende haben wir dann noch alle im Chor singend Take That beschworen, doch bitte zurückzukehren. Inklusive Robbie. Vermutlich kann man uns also für die Reunion verantwortlich machen, auch wenn unsere Forderung schon viele Jahre zurückliegt. Die Herren haben vermutlich einfach etwas länger gebraucht, sich zu entscheiden.

2.) Ich war mal Wettpate bei *Kinder-Wetten-dass..?*, einer Sendung, von der, glaube ich, nur zwei Ausgaben produziert wurden. Ich war in der ersten dabei. Auf dem Sofa drängten sich

Prominente, auf die Kinder zu dieser Zeit standen. Neben mir saßen da noch Blümchen, die Kelly Family, die Doofen und eine junge neue Boygroup namens 'N Sync. Nach der Aufzeichnung ging es in die Hotelbar, und das wurde ein sehr lustiger Abend, den ich zu 98 Prozent nicht wiedergeben kann (und vermutlich auch nicht darf), aber ein Highlight gab es: Durch das Spielen von »Back For Good« auf Tour kannte ich die Akkorde, und ich setzte mich ans Barpiano, spielte los und sang dazu. Und wurde dabei unterstützt von Blümchen und – ta-daa! – Justin Timberlake und diesem anderen von 'N Sync, dem mit der Nase. Was für ein lustiger Abend. Daran erinnert mich das Lied jetzt natürlich auch immer.

Platz 2
»More Than Words« – Extreme
Nur Akustik-Gitarre und Gesang. Das ist schon mal ein Garant für große Gefühle. In den meisten Fällen zumindest. Wer wäre nicht von Tracy Chapman elektrisiert worden, als sie allein mit ihrer Gitarre in den Umbaupausen des »Free Nelson Mandela«-Konzerts gesungen hat? Wer könnte so herzlos sein, dass ihn »Blackbird« von den Beatles nicht jedes Mal aufs Neue verzaubern würde? Wer kann sich ernsthaft der Magie eines Jim-Croce-Songs entziehen? Die Antwort auf jede dieser Fragen lautet natürlich: »Niemand!«, und dennoch ist ausgerechnet die Band mit dem unglaublich lahmen Namen hier auf Platz zwei gelandet.

»More Than Words« ist dabei eigentlich die schlimmste Ballade von allen, oder besser: die überproduzierteste. Dieser unglaublich versierte, mehrstimmige Gesang, diese Rhythmik, der einmalige Gitarrenklopfer: Im Prinzip will man das Lied gar nicht so richtig gut finden. Aber das ist einer der Fälle, bei denen man sich der Qualität, die das Ganze nun mal hat, einfach nicht entziehen kann. An diesem Song und dieser Aufnahme wurde so lange gefeilt, bis alles perfekt war. Und das hört man. Eigentlich ja ein Unding, eigentlich sollte doch ein Liebeslied so unperfekt wie möglich sein. Direkt aus dem Herzen kommen. Doch Perfektion und ein Mangel an Authentizität werden leider viel zu oft verwechselt: Nur weil man etwas perfekt macht, etwas ausfeilt und sich Mühe damit gibt, steckt ja nicht gleich weniger Liebe darin. Im Grunde genommen trifft sogar das Gegenteil zu: Der Song steckt so voll mit dem schönsten Gefühl der Welt, dass die Band um Nuno Bettencourt gar nicht anders konnte, als mit der Veröffentlichung zu warten, bis er perfekt war. Vorher wäre er nie diesem Gefühl gerecht geworden, das eben durch mehr als Worte ausgedrückt wird. Oder, um es mit Bettencourt selber zu sagen: »*People use it so easily and so lightly that they think you can say that and fix everything, or you can say that and everything's OK. Sometimes you have to do more and you have to show it – there's other ways to say ›I love you.‹*«

Amen.

Platz 1
»If You Leave Me Now« – Chicago

An dem Tag, als mein Bruder vom Flohmarkt wiederkam und die Platte in der Hand schwenkte, wurde alles anders. Das Cover sah aus wie eine riesige Schokoladentafel. Nur den Schriftzug und den Bandnamen kannte ich: Chicago. Mein ältester Bruder und ich wohnten damals zusammen, und ich war doch etwas erstaunt, als er meinte, auf dieser Platte sei die beste Ballade aller Zeiten. Für mich waren das damals andere Songs (siehe oben). Aber ein Lied von Chicago? Das ich noch nicht mal kannte? Das kam mir komisch vor. Und galten Chicago nicht eher so als ziemlich uncool?

Er riet mir, abzuwarten, schaltete meine Anlage ein, legte die Platte auf, setzte die Nadel erst an die falsche Stelle, dann an die richtige. Es knisterte aus meinen Boxen. Und dann:

Weiche Trompeten. Ein warmer Beat. Eine Stimme, die immer wieder ins Falsett abrutscht. Unkitschige Harfen. Mehrstimmiger Gesang. Die weiche Trompete immer als Antwort. Und ein herzzerreißender Text. Nicht zu vergessen: ein Akustikgitarrensolo.

Okay, okay. Das hier war die beste Ballade aller Zeiten. So viel Herzschmerz war selten. Ich sah es ein. Und hörte das Lied heimlich noch einige Male an diesem Abend. Dieser Song würde mich nie mehr loslassen.

Mehrere Jahre später: Meine bis dato längste Beziehung war einen Tag zuvor in die Brüche gegangen. Alles aus. Ich war wieder allein. Und allein ging ich in die Stadt, um mich abzulenken. Oder vielleicht gar nicht, um mich abzulenken, sondern um so richtig zu leiden. Ich wollte betrunken sein, rumpöbeln, bemitleidet werden, armselig sein. So zog ich durch die Bars und Straßen. Aber wie das im Leben immer so ist: Wenn man wirklich betrunken werden will, wenn man es total und absolut braucht (oder meint, es zu brauchen), dann klappt es nicht. Nie. So blieb ich nüchtern und allein mit meinem schweren Herzen. Und wollte mich unbedingt noch pathetischer fühlen. Verdammt, wo war das Hollywood-Leid?

Ich zog so umher und landete in einem Irish Pub, in dem an diesem Abend, mitten in der Woche, Karaoke angeboten wurde. Ich setzte mich hin, orderte einen Cocktail, lauschte den Gesangsversuchen. Einige waren okay, andere ambitioniert, wieder andere albern oder schüchtern. Typisches Karaokeprogramm eben. Wo die Leute dann »Eye Of The Tiger« singen oder »Take On Me« (an dem sie IMMER scheitern, weil es viel schwieriger ist, als man denkt …). Ich schaute ins Heft mit der Liedauswahl und fand es sofort. Aufschreiben. Name drunter. Zettel abgeben. Ich sah mir die anderen Leute an: eine Reisegruppe aus den USA, zwei Deutsche, ein Ire. Und noch ein paar vereinzelte unauffällig Herumstehende.

Dann wurde ich aufgerufen. Ich nahm das Mikro, fixierte das Pärchen vor mir und sagte: »Dieses Lied ist für euch. Haltet den Menschen fest, den ihr liebt.« Dann ertönte die beste Ballade aller Zeiten, und ich legte all meinen Herzschmerz hinein. Sang mit geschlossenen Augen. So emotional war dieser Song noch niemals gesungen worden, dessen war ich mir sicher. Als er zu Ende war und ich die Augen wieder öffnete, war es in dem Laden totenstill. Betretenes Schweigen, bis der DJ den nächsten Sänger aufrief. Einer aus der Ami-Gruppe. Alle jubelten ihm zu. Nicht mal zum mitreißenden Pathos war ich fähig, und hängenden Kopfes ging ich nach Hause. Auch daran muss ich heute immer denken, wenn die Trompetenklänge einsetzen. Herrlich.

Musik zum Text:

»He Ain't Heavy, He's My Brother« aus *Hollies Sing Hollies* – The Hollies
»Look What You've Done« aus *On The Waters* – Bread
»Angie« aus *Goats Head Soup* – The Rolling Stones
»Rocket Man« aus *Honky Château* – Elton John
»Tiny Dancer« aus *Madman Across The Water* – Elton John
»Your Song« aus *Elton John* – Elton John
»Blackbird« aus *The Beatles (White Album)* – The Beatles

Italia!

Italien hat ein so reichhaltiges Popvorkommen, dass es eine wahre Freude ist. Vor allem, wenn man bedenkt, was davon hier ankommt: Ramazzotti, Nannini, Zucchero und noch eine Prise Jovanotti. Mehr scheint niemand für importwürdig zu halten, oder vielleicht bleibt es auch immer in den Alpen hängen, vielleicht sind die Lkw mit den guten CDs nicht für den Brennerpass gebaut. Was für ein Fehler! Was gibt es nicht noch alles zu entdecken! Für mich war Italien schon immer das Land der musikalischen Extragenüsse.

Als ich noch ein Kind war, sind wir in jedem Sommerurlaub nach Pinarella di Cervia an der Adria gefahren. Die ganze Familie. Während ich meine Tage damit verbrachte, mir am Kiosk im Örtchen zu überlegen, welchen der drei deutschsprachigen Comics ich unbedingt haben wollte (wobei ich jedes Mal über die unglaubliche Logistik erstaunt war, die es möglich machte, dass es am italienischen Strand überhaupt deutsche Comics gab), oder in die Spielhalle zu gehen, um mein Kleingeld in dem Frogger-Automaten zu versenken (wohlgemerkt das »Fliegen-mit-der-Zunge-fressen«-Frogger und nicht das »Straße-lebend-überqueren«-Frogger), war es für meine drei Geschwister deutlich wichtiger zu überlegen und zu planen, in welche Disco sie am Abend gehen würden. Ich erinnere mich daran, dass sie einmal allein in Rimini waren und mir dann nach ihrer Rückkehr aufgeregt erzählten, sie hätten den Kopf von King Kong gesehen, der dort ausgestellt sei. Von diesem Augenblick an klang »Rimini« für mich nach der großen, weiten Welt.

In einem Sommer plärrte aus allen Radios, Lautsprechern, Fernsehern und Autos in ganz Italien nur ein Lied: Righeiras »Vamos

A La Playa«. Gut, zugegeben, das war auch außerhalb Italiens ein Hit. Aber was für ein perfekter Song. Diese nervigen Synthie-Flächen, die sich sofort wie Kaugummi im Hirn verkleben und da nie wieder rausgehen. Man ist für immer verloren und wird, bereits nach einmaligem Hören, für immer diesem Lied verfallen sein und sich sofort freuen, wenn irgendwo die ersten Töne erklingen. Das ist so eine Art kollektive Urlaubs-Erinnerung. So wie unsere Eltern-Generation vermutlich gemeinsam an den ersten Italien-Urlaub denkt, wenn sie »Azzurro« oder »Una Festa Sui Prati« von Adriano Celentano hört, so ist »Vamos A La Playa« der Italien-Song der 70er-Jahre-Kinder. Den späten 80er-Kindern diente dann sicherlich der »Serenata Rap« von Jovanotti als Soundtrack zum ersten Kuss am Strand. Ich konnte aber nun mal nicht genug von dem Lied bekommen, das komplett auf Spanisch gesungen wurde. Von Italienern. Das fand ich auch so erstaunlich. Die Sprachen mögen sich ähneln, aber offenbar ist Spanisch auch für Italiener eher urlaubsmäßig konnotiert. Man stelle sich vor, Herbert Grönemeyer sänge ein Lied auf Holländisch!

Die Jahre zogen ins Land, meine durchweg älteren Geschwister verloren das Interesse an gemeinsamen Italien-Urlauben, und nun, da meine Eltern mit mir allein waren, nutzten sie die Freiheit, um nicht nur den Strand, sondern das ganze Land zu entdecken. Mit fortschreitender Pubertät langweilte es mich immer mehr, in jedem Örtchen die Altstadt zu erkunden. Doch ich hatte damals schon Oasen der Glückseligkeit: Plattenläden. So wie mir das Verständnis dafür fehlte, was meine Eltern an Altstadt XY immer noch interessant fanden, so verwunderte es sie immer wieder aufs Neue, dass ich die Auslage jedes örtlichen »Dischi«-Geschäfts genau inspizieren musste. Aber während sie in jedem Altstadtkern noch etwas Neues, nie Gesehenes fanden, das sie begeisterte, entdeckte ich eben in jedem Schallplattenge-schäft noch eine Platte, Kassette oder (später) CD, die kein an-derer Laden hatte.

Ich erinnere mich an einen Urlaub, den meine Eltern in Frascati verbrachten. Ich war schon 15 oder 16. Uns allen war klar: Wenn ich die ganzen Tage mit meinen Eltern in diesem (aus meiner Sicht) Kaff verbrachte, würden wir uns irgendwann alle gegenseitig an die Gurgel springen. Also fassten sie einen genia-len Plan: Ich bekam morgens ein paar Lire in die Hand ge-drückt, wurde zum örtlichen Bahnhof gebracht und fuhr allein nach Rom. Allein. Nach. Rom. Wow, dieser Urlaub war von ei-nem unglaublichen Freiheitsgefühl geprägt. Jeden Tag fuhr ich, ganz auf mich allein gestellt, in die Hauptstadt des Chaos und erkundete, was ich für erkundungswürdig hielt. Dabei kam mir natürlich gut zupass, dass die Stadt nur zwei U-Bahn-Linien hat. Und so stieg ich einfach dort aus, wo es sich interessant an-hörte. »Cinecittà« zum Beispiel. Gut, man steht dann vor einem nichtssagenden Tor, durch das man (so war es zumindest da-mals) nicht reinkommt. Aber ich bin da gewesen!

Auf der Suche nach etwas Essbarem stolperte ich einmal durch die Straßen nahe der Spanischen Treppe (dem Startpunkt all meiner Erkundungstouren) und landete in einer Ladenpas-sage, in der wirklich nicht viel los war. Das wirkte nicht mehr sehr touristisch, da waren nur noch Italiener, die Italienisch re-deten. Eine Sprache übrigens, die ich damals noch gar nicht be-herrschte. Ich fand eine Bar, in der ich eine leckere Pizza auf die Hand bekam, und zog durch die Passage. Und natürlich stieß ich nach wenigen Metern auf einen Plattenladen. Eigentlich verbrachte ich den Rest des Tages fast komplett in dem fenster-losen Laden. Aber das lohnte sich. Ich kaufte mir dort die *Sound Of White Noise* von Anthrax und *La Sexorcisto: Devil Music,*

Vol. 1 von White Zombie, beide auf Kassette, damit ich sie sofort auf meinem Walkman hören konnte. So schritt ich also durch das alte Zentrum der westlichen Welt, bestaunte die alten Gebäude und die altrömischen Überbleibsel (sowie, zu dem Zeitpunkt wesentlich interessanter, die schönen Mädchen) an jeder Ecke und gab mir dabei den neuesten Gitarrenlärm auf die Ohren. Dann lernte ich noch eine Verkäuferin in einer Punkboutique kennen, die mich irgendwie niedlich fand. Und wir unterhielten uns mit Händen und Füßen über, nun ja, Punkrock eben. Ich war so frei und glücklich, und noch heute kommt das Gefühl sofort zurück, wenn ich die Stücke der beiden Platten höre. Und das, obwohl man ehrlicherweise gestehen muss, dass zumindest das Anthrax-Album nicht der größte Wurf der Band war. Aber für mich ging es damals nicht besser. Nach ein paar Tagen fuhren wir weiter nach Italien hinein. Ich guckte aus dem Fenster des fahrenden Autos, hatte Rob Zombie mit seiner Band auf dem Kopfhörer und dachte schwärmend an Francesca und den Sex-Pistols-Aufnäher, den sie mir verkauft hatte.

(Jetzt kommen wir aber endlich zu italienischer Musik! Versprochen!)

Viele Jahre später: Ich habe eine Freundin, die Halbitalienerin ist. Und dank ihr erschließt sich mir eine völlig neue Welt des Pop: italienische Musik! Ich bekomme den großen Lucio Dalla vorgespielt, Celentano e Mina und Jovanotti-Lieder, die ich noch gar nicht kannte. Wir verbringen Silvester auf einer italienischen Dorffeier, und die Band, die dort in dem Festzelt spielt, stimmt auf einmal ein Lied an, das alle und jeden sofort mitnimmt. Die Menschen stehen auf, singen aus vollem Herzen mit und liegen sich in den Armen. Und als der Refrain einsetzt, erkenne ich gleich, warum das so ist. Auch wenn ich kein Wort verstehe – dieses Lied berührt, geht sofort ans Herz, verströmt ein großes Sehnsuchtsgefühl. Verbindet in seiner herzzerreißenden Traurigkeit Jung und Alt. So was kannte ich bis dahin nur aus Köln. »In unserem Veedel« von den Bläck Fööss funktioniert genauso, hat dieselbe Fähigkeit, alles und jeden zu verbinden, und sei es nur für die Länge eines Songs. Am nächsten Tag fragte ich die italienische Mutter meiner Freundin nach dem Lied, das ich gehört hatte, und sie war sofort Feuer und Flamme. Natürlich! »Io Vagabondo« von Nomadi! Das größte italienische Lied, das es gibt (sie hat das noch über mehrere italienische Lieder gesagt, in dieser Hinsicht war sie ganz, nun ja, italienisch)! Und in der Tat: Genau so hatte es sich auch angefühlt. Ich kaufte eine Best-of-CD von Nomadi und konnte mich kaum satthören an dem Lied. Noch bis heute tue ich mit einer Mischung aus schlechtem echtem und Fantasie-Italienisch so, als könnte ich das Lied mitsingen. Immerhin: Mittlerweile verstehe ich, um was es geht. Ich bin ein Vagabund und hab kein Geld in den Taschen, aber Gott steht mir bei. So gehen Hymnen.

Die Jahre zogen ins Land. Die Beziehung führte erst zu einem großartigen Töchterchen und ging dann auseinander. Die Menschen aber nicht: Wir konnten nicht ohne einander, und so wurde aus einer Liebesbeziehung eine Familie von zwei wirklich besten Freunden und einem tollen Kind, die gemeinsam durch dick und dünn gehen.

Szenenwechsel: Ich sitze bei einem Freund zu Hause in Köln. Er führt mir seine neue Satelliten-TV-Anlage vor. Was er jetzt alles für Sender reinbekäme. Er zappt durch die Programme. Kanal 100. 200. 300! Von französischen Christensendern über arabische Sexhotline-Sender mit komplett bekleideten Frauen bis hin zum russischen Wetter-TV ist alles dabei. Unter anderem auch ein italienischer Musikvideo-Sender. »Lass mal, lass mal!«, sage ich. Vielleicht würde irgendwas Gutes laufen. Oh, wie recht ich behalten sollte:

Ein Typ, der aussah, als hätte er einmal zu viel in die Steckdose gefasst, rappte auf Italienisch, klang dabei ein wenig nach Cypress Hill und lief in dem Video vor einem riesigen weißen Ball weg, im Wechsel mit bizarren Szenen, die in einem Wohnungsset gefilmt wurden. Ich war sofort restlos begeistert. Den Namen prägte ich mir ein, um stante pede meine beste Freundin anzurufen, die gerade in Italien weilte, und eine CD-Bestellung aufzugeben. Als sie wiederkam, drückte sie mir die heiße Ware in die Hand, und ein erster Test im CD-Player bestätigte meine Vermutung: Wir hatten es hier mit einem sehr starken und originellen HipHop-Album zu tun. Allein bei der Hitsingle, durch die ich auf den Künstler, Caparezza, aufmerksam geworden war, handelte es sich um einen musikalischen Knaller, weil sie im Grunde genommen eine Art gesamplete Polka war. Oder ein langsamer Marsch. Aber ohne dabei nervig oder folklorig oder gar schlagerig zu wirken. Eher so ganz selbstverständlich. Und ich hatte damit eine klare Mission: Das war ein Hit! Das sollten die Menschen hierzulande auch sofort verstehen! Nieder mit der deutschen Italo-Pop-Diktatur von Ramazzotti und Co. Her mit dem neuen, heißen Scheiß!

Ich bloggte über das Lied und den Künstler, ich legte es immer auf, wenn ich irgendwo spielte, und ich erzählte jedem davon, der auch nur ansatzweise beruflich irgendwas mit Musik zu tun hatte. Der Rest ist Geschichte:

Das Lied kennt hierzulande nach wie vor keine Sau.

Meine publizistische Macht war wohl doch nicht so groß. Wie schade. Ein sicherer Hit ist an uns vorübergegangen. Und für die Deutschen ist Ramazzotti immer noch das Maß aller italienischen Pop-Dinge. Kotz.

Und wieder spulen wir ein paar Jahre vor. Ich besuche einen alten Freund, der sich in Berlin aufhält, auf der Modemesse »Bread and Butter« im alten Flughafen Tempelhof. Wir laufen durch die Gänge und kommen an einem Pressezentrum vorbei, in dem die verschiedensten internationalen Publikationen über Mode zum Mitnehmen ausliegen. Er empfiehlt mir diverse Zeitschriften, die er mir dann auch alle gleich auf den Arm packt. Neben Sneaker-Fachmagazinen und seltsamen Streetwear-Mags ist auch eine Ausgabe des *Rolling Stone* dabei. Aus welchen Gründen auch immer ist das aber nicht der deutsche oder amerikanische, sondern der italienische *Rolling Stone*. Und als ich zu Hause sitze und den so durchblättere, denke ich: Ich hab doch schon mal mit Caparezza etwas Tolles, Neues, Frisches und Unverbrauchtes entdeckt, vielleicht gelingt mir das ja jetzt wieder! Und so durchforste ich die Zeitschrift nach Bands, die interessant aussehen oder wenigstens ein cooles Artwork haben oder so. Die Artikel sind für mich sowieso unlesbar. Mein Italienisch ist zwar über die Jahre besser geworden, aber für ausführliche Musikkritiken reicht es immer noch nicht. Bei den Bands, die gerade auf Tour sind, stoße ich zuerst auf einen Act mit dem zugegeben sehr lustigen und coolen Namen »Bud Spencer Blues Explosion« (ja, richtig gelesen, »Bud«, nicht »Jon«). Den sofortigen YouTube-Check überstehen sie dann aber nur so halb. Ganz gut, aber noch nicht wirklich das, was ich suche. Da fehlt der zwingende Hit. Dann aber das derbe Glück mit dem nächsten Check: eine Band namens Amari. Und schon bei der ersten Single, die ich höre (»Tiger«), ist klar: Das hier ist genau das, was ich suche. Cleverer, schöner Indie-Pop à la Phoenix. Aber unverbraucht und größtenteils italienisch, oder wenn auf Englisch, dann mit diesem schönen Akzent. Super. Und vermutlich sogar in Italien eher Indie als Mainstream. Damit hatte ich einen neuen Auftrag und einen neuen Anwärter darauf, *cheesy* Radiopop als *default* italienische Popmusik aus den Hirnen der Deutschen zu verbannen. Lieber Leser, jetzt liegt es in deiner Hand:

Rette dieses Land vor der Knute des »Se Bastasse Una Canzone«! Avanti Italia! Paese del Pop!

Musik zum Text:

»Vamos A La Playa« aus *Best Of* – Righeira
»Azzurro« aus *Azzurro* – Adriano Celentano
»Una Festa Sui Prati« aus *Le Robe Che Ha Detto Adriano* – Adriano Celentano
»Serenata Rap« aus *Lorenzo 1994* – Jovanotti
»Room For One More« aus *Sound Of White Noise* – Anthrax
»I Am Legend« aus *La Sexorcisto: Devil Music, Vol. 1* – White Zombie
»Balla Balla Ballerino« aus *Dalla* – Lucio Dalla
»Che T'Aggia Di'« aus *Mina Celentano* – Mina und Adriano Celentano
»L'Ombelico Del Mondo« aus *L'Ombelico Del Mondo* – Jovanotti
»In unserem Veedel« aus *Mer losse d'r Dom en Kölle* – De Bläck Fööss
»Io Vagabondo« aus *Io Vagabondo* – I Nomadi
»I Wanna Get High« aus *Black Sunday* – Cypress Hill
»Fuori Dal Tunnel« aus *Verità Supposte* – Caparezza

»Hey Boy, Hey Girl« aus *Bud Spencer Blues Explosion* –
Bud Spencer Blues Explosion
»Tiger« aus *Poweri* – Amari
»Funky Squaredance« aus *United* – Phoenix

»Monday, you can fall apart«

Während ich im Café sitze und The Cure höre, wird mir wieder diese unglaubliche Diskrepanz zwischen Wahrnehmung und Realität in der Popmusik bewusst. The Cure sind da das perfekte Beispiel. In meiner Jugend war das eine Waver-Band. Die hat, außer denjenigen, die sich ausnahmslos Kajal unter die Augen gezogen haben (Jungs und Mädchen!), sonst keiner wirklich gehört. Ja, klar, mal ab und zu ein »Boys Don't Cry« in der Indie-Disco und »Friday I'm In Love« fanden wir auch alle ganz niedlich, aber sonst? Das haben halt die Waver gehört. Man muss sich in jungen Jahren ja auch dringend positionieren.

Waver, die waren immer scheiße drauf. Waver waren fast so was wie Gruftis. Vielleicht nicht ganz so morbide und todessehnsüchtig, aber mindestens genauso verklemmt. Aus heutiger Sicht würde ich die Waver eher in Dark Waver und Shoegazer einteilen, aber so stark haben wir damals in der Kleinstadt nicht differenziert. Wer Waver war, musste auch Waver-Sachen hören. Eben The Cure, Phillip Boa oder Sisters Of Mercy. Gut, »Temple Of Love« von den Sisters konnte man auch ohne Szenezugehörigkeit hören (das featurete ja sogar Ofra Haza, die damals mit »Im Nin'alu« groß in den Charts war), damit hatte es sich aber auch schon, und der Song funktionierte auch eher als mainstreamiges Fenster in die Waver-Szene.

Ich selbst tat mich mit meiner Positionierung etwas schwer. Fest stand, dass ich kein Waver war. Aber das mit den schwarzen Augen fand ich gar nicht so uncool. Bela von den Ärzten lief ja auch immer so rum, und der war ja auch kein richtiger Waver. So Totenkopfringe wie der hatte ich schon. Dann noch den Kajal meiner besten Freundin unter die Augen. Kombiniert mit dem Trenchcoat meines Bruders hatte das was. Mit dem Outfit bin ich dann an einem Freitagabend zu der Kirche gefahren, bei der ich auch immer in den CVJM ging, weil dort *Der Club der toten Dichter* gezeigt werden sollte. Zwei stadtbekannte Prolls fingen mich vor der Tür ab, drohten mir Prügel an und schubsten mich rum, bis ich entnervt nach Hause ging. (In Wirklichkeit hab ich geheult, weil das Szenario so bedrohlich war, aber das würde ich natürlich niemals zugeben.) Auf dem Weg nach Hause traf ich noch eine Klassenkameradin, die mich fragte, was denn los sei, aber ich antwortete nur, ich hätte eh keine Lust auf den Film, und zog davon. Wavig angezogen habe ich mich danach nie wieder, aber ich hatte jetzt eine ungefähre Ahnung, warum diese Typen immer in Grüppchen unter ihresgleichen abhingen und man so schwer Zugang zu ihnen fand. Die fingen dann irgendwann auch noch an, so was wie Depeche Mode zu hören. Alles immer so unfröhlich, zwar tanzbar, aber nie so wirklich *happy*. Immer ein bisschen Weltschmerz mit drin, wie in den damaligen The-Cure-Nummern. Und Robert Smith, der Frontmann, war ja der Waver-Posterboy schlechthin mit seinem schwarzen Albert-Einstein-Wuschelkopf, dem roten Lippenstift und den düster geschminkten Augen. Dazu dieser leiernde, quiekende, verzweifelte Gesang. Eine Anleitung zum Unglücklichsein. So stellte ich mir die musikalische Untermalung zum Pulsadernaufschneiden vor.

Aber wenn es etwas im Leben gibt, bei dem ich mich immer wieder geirrt und mich am Ende sogar drüber gefreut habe, dann war und ist das Musik.

Während ich mich auf das Trio aus Berlin und die Sex Pistols konzentrierte, rauschten solche Lieder wie »The Love Cats« oder »Just Like Heaven« zwar nicht völlig unbemerkt an mir vorbei, aber ich ordnete sie nicht unter The Cure ein. Oder vielleicht doch, aber in meinem Unterbewusstsein schuf ich so etwas wie »Die düsteren Cure« und »Die guten Cure«. Während Erstere also eine Wave-Geschichte waren, mit der ich nix am Hut hatte, waren Zweitere eine fröhliche Band, die tolle Liebeslieder schrieb und einen lustig geschminkten Clown als Sänger hatte. Pop und Selbstbetrug: eine lange Tradition.

Und so ging es munter weiter. Die düsteren Cure veröffentlichten »Lullaby« und »Never Enough«, die guten »Mint Car« oder »Love Song«. Viele Jahre bin ich mit dieser Wahrnehmungsstrategie gut gefahren. Habe auf Partys zu »Love Cats« getanzt, »Close To Me« (im Cure-eigenen »New Jack Swing«-Remix) aufgelegt und zu »In Between Days« geknutscht. The Cure waren wirklich immer dabei. Und dann, ich war mittlerweile ein junger Erwachsener, kriegte mich ein Lied so richtig. Erwischte mich eiskalt und traf auf eine komische Art einen ganz besonderen Nerv: »If Only Tonight We Could Sleep«.

Ich stand für die Recherche einer Sendung, bei der ich Regie führte (die es aber nicht über den Piloten hinausschaffte), in einer Galerie und ließ mir die Bilder von Gregor Hildebrandt erklären. Der Berliner Künstler malt Bilder, die ich mir am liebsten alle an die Wand hängen würde, weil ich sie ganz nah bei mir verorte. Das klingt jetzt etwas esoterisch, aber alles an seinem Konzept leuchtet mir aufgrund meiner eigenen Sozialisation total ein: Hildebrandt nimmt sich ein Lied, das er toll findet oder das ihn sonst irgendwie interessiert. Das nimmt er auf eine Kassette auf. In Dauerschleife, Vorder- und Rückseite komplett voll damit. Dann zieht er das Band aus der Kassette und klebt es in engen Bahnen auf eine Leinwand. Manchmal spart er Formen aus, manchmal kleine Schriftzüge. Manchmal macht er es mit nur wenigen Streifen, als Papierarbeit. Aber am beeindruckendsten sind die komplett vollen Flächen. Das diffuse Braun der Magnetbänder hat einen ganz eigenen Schimmer. Und das Bild trägt den Titel des Songs. Und ich betrachte das Band und weiß, welcher Song drauf ist, und höre ihn, während ich das Bild sehe, in meinem Kopf. Wie schon gesagt: Er hat da wohl bei mir einen besonderen Nerv getroffen.

Wir stehen also in der Galerie und bekommen ein paar Arbeiten von Hildebrandt gezeigt. Darunter ein Bild mit dem Titel »If Only Tonight We Could Sleep«. Es soll sich um einen Song von The Cure handeln. Kenne ich gar nicht. Sagt mir überhaupt nichts, das Lied. Deswegen suche ich es sofort raus, als ich zu Hause bin, und höre es mir an. Ich möchte wissen, was diesen Künstler dazu inspiriert, Bilder zu machen, die ich verstehe und die mich so berühren.

Die Sitar schnalzt, die hochgestimmte Snare trommelt dezent im Hintergrund. Ein langes, ruhiges Intro. Ein zähes Lied. Das ist jetzt schon klar. Es zieht sich wie Kaugummi, aber eins, das noch seinen ganzen Geschmack hat. Superkaugummi. Es schmeckt ein wenig wie diese Lakritz-Brooklyn-Kaugummis, die man damals in Italien bekommen hat. Süss und herb und klebrig und zäh, aber man kann nicht genug davon kriegen. Es dauert ewig, bis Smith anfängt zu singen. E-Gitarren heulen auf. Alles ein wenig bedrohlich, aber auf eine bizarre, gute Art. Hier wird man gern bedroht. Dann setzt der Gesang ein. Extra viel Hall auf der Stimme. »If only tonight we could sleep …«, ruft Robert Smith, und wir wissen sofort, was er meint. Ja, ziemlich genau so wie dieses Lied hört sich Schlaflosigkeit an. Die, bei der man noch nicht ganz atemlos ist (dafür wenden Sie sich bitte an Faithless, »Insomnia«). Die, in der alles unwirklich scheint und man glaubt, sich in Zeitlupe unter Wasser zu bewegen. Oder die, bei der man im Moosboden versinkt, aber keine Panik bekommt, weil die interessant aussehenden Glühwürmchen angeflogen kommen und sich auf den Finger setzen.

Das war das fehlende Puzzlestück, das war der *missing link*! Kein fröhliches Lied, aber auch kein rein düsteres. Oder zumindest keine hoffnungslose Düsternis. Das war genau dazwischen. Das Lied hatte plötzlich das gesamte Werk von The Cure aufstrahlen und blitzen lassen. Jetzt hatte ich verstanden, wie beide Seiten zusammengehören.

Die Mauer in meinem Kopf war eingerissen. Nie wieder zwei verschiedene Cures. Von jetzt an klangen in meinen Ohren alle Lieder der Gruppe wie aus einem Guss. Eine Band, eine Handschrift. Manche Sachen brauchen eben länger als andere. Ich lache mein jugendliches Ich fröhlich aus (das kann es ab, wenn es um Musik geht), verspotte es für seine Arroganz und sein Nichtverstehen. Und dann höre ich mich noch mal durch den kompletten Backkatalog und entdecke alles neu.

Musik zum Text:

»Boys Don't Cry« aus *Boys Don't Cry* – The Cure
»Friday I'm In Love« aus *Wish* – The Cure
»This Is Michael« aus *Hispañola* – Phillip Boa & The Voodooclub
»Temple Of Love« aus *A Slight Case Of Overbombing* – The Sisters of Mercy
»Im Nin'alu« aus *Yemenite Songs* – Ofra Haza
»Mr. Sexpistols« aus *Debil* – Die Ärzte
»Everything Counts« aus *Construction Time Again* – Depeche Mode
»A Forest« aus *Seventeen Seconds* – The Cure
»The Walk« aus *Japanese Whispers* – The Cure
»No Feelings« aus *Never Mind The Bollocks – Here's The Sex Pistols* – Sex Pistols

»The Love Cats« aus *Japanese Whispers* – The Cure
»Just Like Heaven« aus *Kiss Me, Kiss Me, Kiss Me* – The Cure
»Lullaby« aus *Disintegration* – The Cure
»Never Enough« aus *Mixed Up* – The Cure
»Mint Car« aus *Wild Mood Swings* – The Cure
»Love Song« aus *Disintegration* – The Cure
»Close To Me« aus *The Head On The Door* – The Cure
»In Between Days« aus *The Head On The Door* – The Cure
»If Only Tonight We Could Sleep« aus *Kiss Me, Kiss Me, Kiss Me* – The Cure
»Insomnia« aus *Reverence* – Faithless

Die fünf besten Saxofonsolos im Pop, die nicht »Careless Whisper« sind

Gitarrensolos kann doch jeder. Selbst Basssolos sind nix Besonderes, und Schlagzeugsolos beeindrucken die Menschen immer nur aus technischer Sicht, aber hat man schon jemanden zu einem Drumsolo tanzen sehen? Natürlich nicht, denn die sind nur zum Angeben da. Aber so ein Saxofon-Solo, das ist was ganz anderes. Eigentlich gilt das Saxofon ja als das verbotene Instrument, da es immer mit so einer unheimlichen Cheesiness verbunden wird, was es wohl größtenteils »Careless Whisper« zu verdanken hat. Und obwohl das wirklich ein Königssolo ist, wollen wir es aus dieser Liste bewusst ausschließen. Um die Vorurteile außen vor zu lassen.

Platz 5
»Cross The Tracks« – Maceo and the Macks
Bei dieser Platzierung war ich mir am unsichersten. Hier müsste doch eigentlich mindestens Raffertys Klassiker-Pop-Saxofon aus »Baker Street« stehen. Stattdessen entschied ich mich aber für Ex-James-Brown- und Ex-George-Clinton-Saxofonist Maceo Parker. Darf man etwas so Funkiges und natürlich auch Jazziges in einen Popkontext stellen? Eine Liste der besten Saxofon-Parts in Funk oder Jazz würde schließlich alleine noch mal Bände füllen. Aber dieser Song hat einen solchen Hit-Appeal, den kann man nicht in so einem elitären Bildungsbürgertumskontext lassen! (Und ich mag Jazz – aber seine Hörer teilweise …) Man darf also nicht nur, man muss! Deswegen vom Jazz in den Pop gerettet und stellvertretend für alle großartigen Saxofone, die im Funk erklingen oder die Fusion saftiger machen, dieses Lied auf Platz fünf. Zum ersten Mal gehört habe ich das

im Soundtrack von Guy Ritchies *Snatch*, dieser wunderbar albernen Gangsterklamotte mit Brad Pitt und Jason Statham. Und diese komische Sirene in der Nummer fand ich direkt den Hammer. Die macht das ganze Lied gleich viel aufregender.

Platz 4
»Shilly Shally« – Fritz Brause Band
Im *Stern* gibt es ja diese unsägliche letzte Seite: »Was macht eigentlich …?«, für die ich auch schon zwanzig Mal angefragt wurde. Ich habe aber jedes Mal dankend abgelehnt, mit der Begründung, dass ich mir wenigstens noch die Illusion einer weiteren Karriere erhalten möchte, denn wer auch immer auf dieser Seite auftaucht, ist erledigt. Abgesehen davon befriedigt sie eine doofe Lust, die sogar ich manchmal habe. Ich recherchiere dann Stars aus 80er-Jahre-Hollywoodfilmen, von denen man plötzlich nichts mehr gehört hat. Oder mein erstes Playmate, das heute, wie ich erfahren durfte, eigenen Schmuck irgendwo in Kalifornien herstellt. Und immer noch atemberaubend aussieht. Aber jedes Mal, wenn ich so google, fühle ich mich ein bisschen schäbig. Weil ich dieses »Na? Wo hast du dich denn versteckt?« so uncharmant finde. Ob die beim *Stern*, die diese Seite betreuen, sich auch so doof fühlen? Vermutlich nicht. Schätze, die finden das originell, vielleicht sogar interessant. Was macht eigentlich der *Stern*?

Jemand, den ich noch nicht gegooglet habe, ist Fritz Brause. Dabei wäre es doch auch ganz interessant zu wissen, was der macht. In den achtziger Jahren hatte der einen kleinen, guten Hit mit einer nach ihm benannten Band, aber dann? Genauso plötzlich verschwunden, wie er aufgetaucht war. Ach, ich halt das nicht mehr aus. Ich google den jetzt.

Ha! Überraschung! Fritz Brause gibt es gar nicht. Der war eine Erfindung wie Matt Bianco. Und musikalisch sind die beiden Fantasie-Lounge-Jazzer sich auch nicht so unähnlich. Also ihre Bands. Also die Gruppen, die sich unter dem Pseudonym einer Person, die es nicht gibt oder gab, zusammentaten, um Musik zu machen. Fritz Brause aber treten heute wieder in Urbesetzung auf, mit der Original-Sängerin, die der Band für einige Zeit den Rücken gekehrt hatte. Und die heißt: Sabine Sabine. Künstlername, klar, aber würde man den Leuten die beiden Namen vorlegen und fragen, wen von beiden gibt es nicht in echt, Fritz Brause oder Sabine Sabine, ich denke, die Antworten würden relativ eindeutig ausfallen.

Also, zusammenfassend: Es gibt Sabine Sabine, es gibt auch wieder Fritz Brause, die Band, aber eine Person namens Fritz Brause gibt es (vermutlich) nicht. Und ihr Überhit »Shilly Shally« hat in der sieben Minuten langen Version ein ganz wunderbares Saxofonsolo im Angebot. Ein Saxofonsolo, wie es heute eigentlich nicht mehr gespielt wird. Was macht eigentlich »das Saxofonsolo«?

Platz 3

»Like Ice In The Sunshine« – Beagle Music Ltd.
Nostalgiefalle 3000! Ach, wisst ihr noch, wie es damals im Kino war? Ach, wisst ihr noch, wie der Eismann vor dem Vorfilm noch mal in den Saal kam? Ach, wisst ihr noch, Brauner Bär? Dolomiti? Calippo Fizz? Und von da an gibt es dann kein Halten mehr: Wisst ihr noch, Zauberwürfel? Wisst ihr noch, E.T.? Wisst ihr noch, *Yps*? Plötzlich befindet man sich in einer aktuellen Ausgabe der 80er-Show mit Olli Geissen, obwohl man doch nur ein einziges Lied erwähnt hat!

»Like Ice In The Sunshine« war damals der Song zum zweiminütigen Langnese-Werbespot im Kino, der immer als Letztes lief, bevor der Hauptfilm anfing. Das war eine Zeit, in der Charthits wirklich mit Werbung gemacht wurden. Spitzenreiter waren Levi's, die immer irgendwelche Oldies rausgeballert und denen dadurch zu ihrem zweiten Frühling verholfen haben. Andere hingegen machten mit der Dauerpräsenz in ihren Spots unbekannte Nummern zu Hits. Zum Beispiel Coca-Cola mit ihrem süßlich-kitschig-romantischen Spot zu Robin Becks »First Time« oder Bacardi mit ihrem »Summer Dreaming (Bacardi Feeling)«, übrigens auch mit einem ganz schönen Saxofonsolo am Ende. Da war das Produkt sogar Bestandteil des Songtitels. Der Wahnsinn.

Die Langnese-Nummer war da wenigstens einen Hauch subtiler. Und ein erstklassiger Popsong. »I'm melting away, on a sunny day.« Besser kann man ein Lied über Eis in der Sonne nicht schreiben.

Besonders beim Auflegen hat mir immer die Maxi-Version dieses Songs gefallen, die wirklich fast unerträglich lang ist. Mit vielen Strophen ohne Gesang, nur dieses zitternde Keyboard. Das ist schon sehr speziell. Der Dancefloor hat es mir öfters mit großem Desinteresse nach anfänglicher Begeisterung heimgezahlt.

Was ich aber wirklich immer am meisten mochte an dem Lied, das war dieser Break im zweiten Drittel. Wie nur noch die Synthie-Drums dastehen, die Keyboards nur einzelne Anschläge spielen, dazwischen digitaler Percussion-Irrsinn, und dann, mit der Rückkehr des normalen Beats, setzt das Saxofon mit diesem sehr schrillen Solo ein. Fantastisch. Hier gewinnt die Maxi-Version noch deutlicher, weil das Solo da auch noch so schön lang ist. Auf der Single-Version ist das ja aufs Minimalste gekürzt. Was aber auch seinen Charme hat. Somit vermutlich das kürzeste Solo auf dieser Liste.

Platz 2
»Graue Wolken« – Blumfeld

Jetzt wird es ein kleines bisschen absurd. Eigentlich. Das heißt, eigentlich auch wieder nicht. Wobei, auf so eine bestimmte Art vermutlich doch. Blumfelds erstes Album, *Ich-Maschine*, erschien 1992. Ich hab das damals total oft gehört, mein Bruder hatte die CD. Ich verstand nicht alles, was der da sang und sagte, vermutlich kapierte ich sogar das wenigste von dem, was mir Sänger Distelmeyer mit seinen Texten sagen wollte. Aber ich spürte da etwas. Hinter diesen verklausulierten Texten schien sich etwas seltsam Besonderes zu verbergen. Etwas, das rausmusste, etwas wie Wut. Wut auf eine Art Ungerechtigkeit. Ich empfand dieses Schwer-verstanden-werden-Wollen als Befreiung. Eine Art Absolution. »Hier, ich mache alles extra schwer, dann hat es jeder gleich leicht, es nicht zu verstehen.« Oder so. Auf jeden Fall empfand ich das nie als arrogant oder elitär. Dazu war es viel zu sehr an mich gerichtet. Mein Lieblingslied war immer »Lass uns nicht von Sex reden«. Erst heute beginne ich zu kapieren, worum es da eigentlich geht. »Zeittotschläger« fand ich aber auch toll, weil ich es irgendwann verstand und den Eindruck hatte, mir dieses Verständnis selbst erarbeitet zu haben. Ein tolles Gefühl.

Irgendwie lustig war es dann auch, als Blumfeld viele Jahre später wieder in meinem Sichtfeld auftauchten. Das Interesse hatte für ein paar Jahre nachgelassen, aber mit einem Schlag war es wieder da, denn jetzt war alles anders. Die Texte hatten plötzlich etwas unglaublich Plakatives. Aber, und das war und ist ja gerade das Tolle an den Texten von Jochen Distelmeyer, sie waren trotzdem sehr poetisch, sehr klug, sehr durchdacht. Das machte es zu einem solchen Genuss, zuzuhören. Aber etwas anderes hatte sich auch noch geändert.

Das war jetzt kein dreckiger Indie-Rock mit einer Milliarde

Feedbacks mehr, das war jetzt auf einmal total lieblicher und eingängiger Pop. Fast ein bisschen öko. Und reflexartig dachte man im ersten Moment: Verdammt, die haben sich verkauft/verraten/verändert. Dabei stimmte nur das Dritte: Ja, sie hatten ihren Sound verändert, und die Texte waren viel mehr direkte Ansprache als früher. Aber irgendwie, ich weiß auch nicht, warum, schien diese Entwicklung total konsequent und logisch für diese Band zu sein, auch wenn man es beim Hören immer noch nicht so richtig begreifen konnte. Blumfeld hatten ihre Arme so weit wie möglich ausgestreckt und wollten dafür jetzt gekuschelt werden. Und wie haben sich alle davor gedrückt. Nein, das könne man doch nicht machen, das wäre ja jetzt nur noch radiooptimiert und so. Und dann hörten sich ein paar Leute mal die Platte an. Und noch mal. Und so langsam begriff jeder, dass Blumfeld niemals anders gekonnt hatten, als genau so zu werden. Und das war genau richtig. Vielleicht ist Wut ein Privileg der Jugend.

»Graue Wolken« war ein Instant-Hit. Ein Lied, das in den schönsten Schattierungen von Grau beschrieb, wie Traurigkeit und Einsamkeit, vor allem in der Großstadt, funktionieren. Und dann dieses butterweiche Saxofonsolo am Ende, ein Solo, das sich anschmiegt wie eine Perserkatze, ein Solo wie ein Kaschmirpullover. Kratzt nicht, ganz weich und ganz leicht. Ein echtes Wohlfühlsolo. Ist man von Saxofonen gewohnt, dass sie im Solo lauthals losblöken, so sitzen hier die Finger ganz leicht auf den Tasten, berühren sie nur vorsichtig. Um ebenso leichthändig wieder zu verschwinden. Hach. Liebe.

Platz 1
»Halt mich« – Herbert Grönemeyer
Puh, damit hab ich mich echt schwergetan. Eigentlich müsste

hier auf Platz eins natürlich der *Dirty Dancing*-Dauerbrenner
»The Time Of My Life« stehen, der zum Ende hin ein so tolles und erlösendes Saxofonsolo hat. Oder Curtis Stigers' 80er-
Powerballade »I Wonder Why«, ein Lied, das aufzulegen ich
nicht müde werde, weil ich es für sehr nah an der Balladenper-
fektion halte. Schon der Anfang, wenn alle Instrumente so über
einen drüberrollen und sich alle gleichzeitig anmelden, um
dann in die Strophe zu gleiten. Das macht das Lied gleich so auf,
man fühlt sich sofort geborgen und verstanden. Toll. Ich musste
aber dennoch einen anderen Song wählen, der ein wirklich
atemberaubendes Solo hat. Das Lustige daran ist natürlich, dass
niemand damit rechnen konnte, dass die ersten beiden Plätze
dieser Liste mit deutschsprachigen Songs besetzt sein würden.
Aber okay. Et kütt wie et kütt, wie der Kölner sagt.

Ich habe in jungen Jahren irrsinnig gern Grönemeyer gehört.
Ich hatte die *Bochum*-LP, und Elke, die Freundin meines Bruders, hatte *Ö* und *Sprünge*, die sie mir beide auch gern als Dau-
erleihgaben überließ. Die hab ich alle rauf und runter gehört.
»Kinder an die Macht« fand ich natürlich super. Oder »Mam-
bo«. Lustig. Aber später, als ich älter wurde und mir Mädchen
zunehmend wichtig waren, da fand ich an ganz anderen Songs
Gefallen. »Flugzeuge im Bauch« oder »Vollmond«, die sprachen
mir aus der Seele. Auch auf meine politische Meinungsbildung
hatte Herbert definitiv Einfluss. Lieder wie »Maß aller Dinge«
(Textprobe: »Weiße Überheblichkeit, Maß aller Dinge/Weiße
Überheblichkeit, jeder Mensch ist gleich/Der Weiße ist glei-
cher.«) oder »Keine Heimat« (»Die Seele verhökert, alles sinn-
entleert/Keine innere Heimat, keine Heimat mehr!«), die hab
ich mitgesungen, vielleicht hab ich nicht alles verstanden, aber
die Botschaft ist hängen geblieben: Etwas läuft schief in dieser
Welt, wenn Menschen immer noch so tun, als ob die Herkunft

eines Menschen seinen Wert ausmacht. Wenn Menschen überhaupt ein Wert beigemessen wird. Das habe ich natürlich grundsätzlich in meiner Erziehung so mitbekommen, aber einer der
Erzieher war eben auch Grönemeyer mit seinen Platten. Das ist
ja nun auch nicht das schlechteste Leitbild, das man für ein Zu-
sammenleben haben kann. Könnte ich mich eigentlich mal für
bedanken. Danke, Herr Grönemeyer, Herbert, für den Kom-
pass.

Einer der Songs, die mich immer tief berührt haben, einer,
der einen immerwährenden Zauber hat, war und ist »Halt
mich«. Das Gefühl kann wirklich jeder nachvollziehen, vom
kleinen Kind bis zum alten Opa, vom Superintellektuellen bis
zum reinen Emotionsfolger. »Halt mich noch ein bisschen / Bis
ich schlafen kann.« Manchmal sind die klarsten und einfachs-
ten Worte einfach die besten, um eine Botschaft loszuschicken.
Dieses Lied macht sofort klar, worum es geht. Das Gefühl, das
von diesem Song ausgeht, nur mit Klavier und flächigen Streichern, dazu die »Unstimme« Grönemeyers und diese Dishar-
monie in der Bridge, um dann wieder voll aufzugehen mit
einem »Schön, dass es dich gibt«, als Vorbereitung zum Saxofonsolo, welches dann erst mal mit einer Tonleitersteigerung
loslegt und in den Höhen rumsucht, um am Ende bescheiden
ganz nach unten abzusteigen und Grönemeyer das Lied wieder
zu überlassen – das ist überwältigend. Ich weiß wirklich nicht,
ob so ein Solo jemals jemand besser gesetzt hat. Deswegen ja
auch der erste Platz hier. (Das Arrangement des Songs hingegen
hat minimales Optimierungspotenzial: Diese Reprise am Ende
stört ein wenig. Ein Lied muss vorbei sein, wenn's vorbei ist.
Aber das nur am Rande.) Hochemotional war und ist er ja gern,
der Grönemeyer. Und ich höre den heute auch nicht mehr,
kann mit den ganzen letzten Songs und Texten und Platten
nichts mehr anfangen. Aber ohne diese Phase Ende der Achtzi-

ger, als mich seine Songs auf Schritt und Tritt begleitet haben, wäre ich nicht der, der ich heute bin. Und das ist ja irgendwie verdammt cool. Denn man muss das mal so sehen: Wäre es ganz schlecht gelaufen, hätte auch Jürgen Drews mein Politverständnis prägen können. Dann wäre ich jetzt ein königstreuer Monarchie-Fan.

Musik zum Text:

»Careless Whisper« – George Michael
»Baker Street« aus *City To City* – Gerry Rafferty
»Half A Minute« aus *Whose Side Are You On?* – Matt Bianco
»First Time« aus *Trouble Or Nothin'* – Robin Beck
»Summer Dreaming (Bacardi Feeling)« – Kate Yanai
»Aus den Kriegstagebüchern« aus *Ich-Maschine* – Blumfeld
»I Wonder Why« aus *Curtis Stigers* – Curtis Stigers
»König von Mallorca« aus *König von Mallorca* – Jürgen Drews

Glücklich machende Lieder

Eigentlich machen ja alle Lieder, die man mag, glücklich. Wenn man einen Song dann noch mit einer konkreten Erinnerung verbindet oder einem Ereignis, an das man gern zurückdenkt, dann kann das die schrottigste Plastikpop-Stampfnummer sein: Man wird immer ein seliges Grinsen im Gesicht haben, wenn das Lied aus irgendwelchen Lautsprechern ertönt. So eine Art Psycho-Flaschenpost, die immer und ohne Umwege direkt ins Herz treibt.

Aber es gibt auch Lieder, die sind ganz objektiv (hahaha) sehr, sehr glücklich machend. Manch einer mag die schmalzig finden oder süßlich, oder was auch immer sich griesgrämige Menschen für Adjektive ausdenken, um Glückssongs madig zu machen. Aber diese Menschen werden niemals gewinnen. Sie können vielleicht eine Zeit lang die Oberhand haben, aber siegen werden sie nie. Das sieht man doch schon in *Yellow Submarine* oder bei Emily Erdbeer: Da gab es damals den fiesen Spaghetti, der die schöne bunte Süßigkeitenwelt zerstören wollte. Aber hat er jemals gewonnen? Hat Gargamel jemals wirklich einen Schlumpf gefangen? Hat das »Nichts« in der *Unendlichen Geschichte* das Land Phantásien zerstört? Oder hat Sheriff Buford T. Justice jemals Bandit, das ausgekochte Schlitzohr, zu fassen gekriegt?

Eben: Das Böse siegt nie. Schlechte Laune ist nicht gerade ein Erfolgsgarant. Und glückliche Lieder machen glücklich, wenigstens ein bisschen. So wie diese hier:

»Wunderbar« – Jeans Team
Eine Zeit lang habe ich dieses Lied auch als Rausschmeißer beim Auflegen gespielt. Aber irgendwann ließ ich es wieder sein.

Denn es wurde dem Song nicht gerecht. Klar, ich hab das eigentlich nur gespielt, weil ich es auf der großen Anlage hören wollte. So richtig laut, um den Song ganz und gar zu spüren, um die Bässe durch mich durchgehen zu lassen, als wäre ich die Wand in einem Schloss und der Bass der Hausgeist. Aber das hier war kein »letztes Lied«, im Gegenteil. Das war der Anfang vor irgendetwas Wundervollem. »Jeder Tag wunderbar, jeder Tag wunderschön!«, singen Jeans Team wie in Trance, aber dazu hört man diese wohlig-warmen Flächen, die einen umspielen und sich weich an einen schmiegen. Trotzdem lullt das Lied nicht ein. Der Beat treibt und gibt dem ganzen Stück ein Gefühl von Aufbruch. Das ist ein Lied über Sonnenauf-, nicht Sonnenuntergänge. Wir haben dann auch eine Lösung gefunden, wie ich das Lied im Club hören konnte, ohne es als Rausschmeißer spielen zu müssen: Wir haben es angemacht, *nachdem* alle Gäste gegangen waren. Somit war es der Song, um den kommenden Tag zu begrüßen. Haha, perfekt!

»God Only Knows« – The Beach Boys
Was ist das eigentlich für ein seltsames Lied? Ich weiß nicht mal, ob es in diese Aufzählung hineinpasst oder ob es nicht doch in die Liste der traurigen Lieder gehört. Wer kann das schon so genau sagen, bei diesem Meisterwerk? Das Lied ist unglaublich emotional. Es klingt immer leicht verschoben, wie aus einer anderen Dimension oder so, wie man sich Schall im Weltall vorstellt (auch wenn man weiß, dass es ihn – bzw. seine Übertragung – da ja gar nicht gibt). Sehr sphärisch, aber dann so völlig Irdisches verhandelnd: »I may not always love you …« ist die erste Zeile. Aber diese Fanfaren, diese Schellen, dieser komisch tippende Bass und dieses Klavier/Spinett/Wasauchimmer, verbunden mit den schönsten Chören und Ad-Libs und natürlich diese Streicher. Streicher! Man schwebt durch dieses Lied und

weiß, dass es nie wieder einen Grund geben wird, Angst vor Liebe haben zu müssen. Oder dass man nie wieder Angst davor haben muss, keine Liebe zu bekommen. Denn irgendwer liebt einen immer. Immer.

Ich finde dieses Lied so stark, so Halt gebend und Trost spendend – »God Only Knows« erspart einem den Anruf bei Domian. Man muss es nur hören. Auf Repeat. Und in sich aufsaugen. Nein, dieses Lied dürfte niemals auf einer Traurigkeitsliste stehen! Glücklicher kann einen nichts machen!

»Within The Sound« – Rasa
Auch wieder so ein klassischer Glücksgriff aus Doofheit: Ich war in einem Plattenladen an einer italienischen Strandpromenade. Alles voll mit CDs. Aber draußen vor dem Laden, auf einem wackeligen Stuhl, da stand die letzte jämmerliche Kiste Vinyl. Es waren vielleicht 15 Platten drin. Dabei natürlich die üblichen Verdächtigen: Phil Collins, Tina Turner und Paul Young. Platten dieser Künstler stehen in allen Plattenkisten vor allen Läden auf der ganzen Welt, das ist unglaublich.

Aber eine Platte hat es dann doch geschafft, meine Aufmerksamkeit zu erregen: *Everything You See Is Me* von Rasa. Ich hatte von der Band oder der Platte noch nie was gehört. Eigentlich sah das Cover auch gar nicht so besonders aus: ein Sonnenuntergang und dazu, dezent am oberen Rand, in so einer leichten Bubble-Schrift, wie man sie aus den Siebzigern kennt, der Titel. Unten klein der Bandname. Ein Vogel fliegt am rechten Rand aus dem Bild. Das war's. Sehr dezent.

Ich habe die Platte zu Hause zu den anderen gestellt und eine Zeit lang vergessen. Dann eines Tages fiel sie mir wieder in die Hände. Ohne große Erwartungen habe ich sie einfach mal aufgelegt. Alter!

Ich habe niemals eine entspanntere, schönere, harmonischere

Platte gehört als diese. Da ist alles total *mellow*, aber auf angenehme Weise. Nicht weil da einer zu viel kifft oder so, sondern weil sich jemand wirklich dafür entschieden hat. Jemand will, dass man bei dieser Platte entspannen kann. Und, *oh Lord*, das hat er geschafft!

Zuerst denkt man ein wenig an Hall & Oates, aber die Rasa-Songs haben noch eine freundlichere Komponente. Etwas sich Sorgendes. Diese Platte will auf den Zuhörer aufpassen. Mit ihrer leichten, geschmeidigen und übrigens supersexy Funkiness. Ich würde zu »Everything You See Is Me« auch problemlos eine Großfamilie zeugen können. Erst beim Studieren des Backcovers habe ich dann bemerkt, dass George Harrison interessanterweise was mit dem Album zu tun hat. Und irgendwann, als ich auch mal genauer auf die Texte gehört habe, da habe ich es gecheckt: Das ist eine Krishna-Jünger-Platte! Hey, wenn Religion immer so unfassbar sexy und entspannt daherkäme, wäre das eine echte Alternative für mich! Unbedingt besorgen, die Platte! Auch wenn man sich nicht die Haare abrasieren und nur noch in Orange an Flughäfen rumhängen möchte. Es lohnt sich. Erleuchtung durch Pop.

»Soul Food To Go« – The Manhattan Transfer
Ich habe keine Ahnung mehr, in welcher Sendung die aufgetreten sind. Vermutlich in irgendeiner Samstagabendgeschichte. Ich würde sie spontan bei *Auf los geht's los* verorten, da Blacky Fuchsberger ja immer ein kleines bisschen mehr *sophisticated* war als seine Moderatorenkollegen. Sicher weiß ich, dass ich bei Blacky zum ersten Mal Helen Schneider with The Kick gesehen habe, warum auch immer ich mich daran erinnere. Aber der hatte eben so einen Geschmack, auch was seine Acts betraf, das war so Hausbibliotheks-Pop. Und The Manhattan Transfer waren ja zu dem Zeitpunkt, als sie dieses Lied veröffentlichten,

schon längst eine etablierte Jazz Vocal Group. Wir hatten es im Grunde genommen also mit Lehrermusik zu tun.

Nun sind die in dieser Sendung, welche es auch immer war (es könnte sich nämlich auch um *Mensch Meier*, Alfred Bioleks Nachfolgesendung zu *Bios Bahnhof*, gehandelt haben), aufgetreten und haben da ihren neuen Hit vorgestellt: »Soul Food To Go«. Und ich brannte sofort. Dabei ist das ein wirklich merkwürdiger Song. Er changiert zwischen Jazz und Ethno-Pop, sehr lateinamerikanisch beeinflusst, und der Text feiert einfach mal sämtliche Musikarten ab, die ihm einfallen. Jazz, Funk, Soul, HipHop. Allerdings, das muss man der Ehrlichkeit halber wohl noch erwähnen, habe ich als Kind nicht ein einziges Wort des Textes verstanden, und wie vermutlich jeder hierzulande habe ich die Single nur in Fantasie-Englisch gesungen. Also »Aduap dis Bebops duwatsch, ajo ajo …« und so weiter. Ich war sogar eine Zeit lang überzeugt, dass große Teile des Lieds gar nicht auf Englisch gesungen waren, sondern mutmaßlich auf Portugiesisch, weil es ja wohl auch irgendwie um Brasilien ging und so, und da ich nichts verstanden hatte, musste es sich ja um irgend so eine Sprache handeln. (Okay, ich muss wohl noch mal ehrlich sein: Natürlich dachte ich als Kind bei Brasilien nicht an »Portugiesisch«, sondern an »Brasilianisch«. Nun ja …) Aber egal, was die da singen und in welcher Sprache: Der Gesang fließt wunderbar leicht über das Instrumental, das selber schon so fluffig daherschwebt. Was für ein herrlich hingehauchter Popsong. Und wenn ich das höre, kriege ich sofort gute Laune. Einerseits, weil ich das wirklich im allerklassischsten Sinne »schön« finde, andererseits natürlich, weil ich sofort mein elfjähriges Ich vor Augen habe, wie es, vor seinem Plattenspieler liegend, inbrünstig träumend (ja, das geht!) mitsingt: »Oh mei, oh se fieling, aduaaaaa, pleschisnrieling …«

»Hey, wenn du lachst« – Klee

Man könnte mir jetzt Vetternwirtschaft vorwerfen, denn ich bin dieser Band persönlich sehr verbunden. Also abgesehen davon, dass ich alle Beteiligten sehr mag, ist Sängerin Suzie eine der tollsten Freundinnen, die man haben kann, und wir werden uns vermutlich bis an unser Lebensende auf eine seltsam tiefe Art und Weise toll finden und brauchen. Das jetzt mal nur aus Gründen der Transparenz.

Ich mochte die Band aber auch musikalisch immer. Vor allem ihr zweites Album hat mich damals nach München begleitet, wo ich mein Regie-Studium anfing, und dass auf der Platte ein Lied mit dem Titel »Unser Film« war, hat natürlich perfekt in meine Situation gepasst. Aber: Mein All-Time-Favourite-Song der Band ist vom ersten Album. Ich weiß gar nicht, ob der Song überhaupt jemals irgendwo live gespielt wurde, und ich habe auch immer ein bisschen das Gefühl, dass die sich selber nicht so wirklich bewusst darüber sind, was die da für einen Knallersong im Repertoire haben. Der wurde wohl bandintern eher stiefmütterlich behandelt. Aber was für ein Lied! Die Synthesizer gehen auf und strahlen mit der Sonne um die Wette, der Bass springt fröhlich rauf und runter, weil alles egal ist, wenn man jemanden so sehr liebt, dass das Lachen dieser Person einem zum ganz persönlichen Sonnenaufgang wird. Und Suzie hält die perfekte Balance zwischen sinnlichem Hauchen und freudigem Jubeln. Wer Single ist und den Glauben an die Liebe verloren hat, der kann ihn hiermit ganz schnell wieder aktivieren. Und wer verliebt ist, na ja, der kriegt doch eh nix mit.

»Russisch Brot« – Erdmöbel

Bernd Begemann hat einst ein tolles Lied über das Kindsein geschrieben. »Gefangen in einem Samstagnachmittag« hieß das und schaffte es fast in Perfektion, das Gefühl zu erzählen und heraufzubeschwören, das man als Kind hat, wenn man nach einer Woche Schule plötzlich zu Hause sitzt und fast nichts mit sich anzufangen weiß, weil die Möglichkeiten schier unendlich sind. Nicht in die Schule zu müssen, den ganzen Tag zur eigenen Verfügung zu haben! So toll! Da hat man vermutlich zum ersten Mal das Konzept »Freiheit« begriffen. Also, so im Ansatz. Und das ist ja das eigentlich Erstaunliche: dass Begemann aus seiner eigenen Erinnerung erzählt und man dennoch sofort die eigene Vergangenheit vor Augen hat. Erinnerungen sind vermutlich universeller, als man sich selbst immer eingestehen will.

Das beweist auch das Lied, um das es hier eigentlich gehen soll, denn so schön Bernds Lied auch ist – richtig glücklich macht mich ein anderes: »Russisch Brot« der Kölner Band Erdmöbel.

Ich mag diese Trompeten einfach, und der Gesang von Markus Berges, der ja immer so zwischen Sprechen und Singen schwankt, was ihm irgendwie das Gefühl verleiht, zugleich auch zwischen Beobachten und Erzählen zu schwanken, passt perfekt zu der Geschichte einer (ersten?) Teenie-Liebe. Und sofort hat man wieder vor Augen, wie sehr man sich in den Geruch der Angebeteten verliebt hat, vor allem nach dem ersten Kuss. Wie alles geflackert und geflimmert hat. Wie man die Augen nie wieder auf- und gleichzeitig nie wieder zumachen wollte.

Als ich das Lied jetzt wieder gehört habe, kamen mir aber plötzlich gewaltige Zweifel an meiner Interpretation. Das beschriebene Pärchen geht in ein Ausflugslokal, in dem Proviant erlaubt ist, und versucht zu bestellen. Das ist doch eigentlich keine Teenie-Romantik.

Hahaha, umso besser! Ist das nicht erstaunlich, was für eine komplette Geschichte ich nur *gefühlt* habe, all die Jahre, in denen ich den Song gehört habe? Wow, wie toll ist das denn eigentlich? Ein Lied mit einer erzählten und einer komplett anderen, gespürten Geschichte. So was können nur wunderschöne Songs.

»Elephant Gun« – Beirut
In meiner persönlichen Wahrnehmung ist das der jüngste Song in dieser Liste. Ich habe Beirut erst vor Kurzem für mich entdeckt. Seltsam, wie man manchmal Bands oder Lieder erst viel später für sich entdeckt als sein Umfeld. Irgendwie hat man da einen komischen automatischen Filter, der den Act, um den es geht, konsequent ausblendet. Warum habe ich Beirut nicht viel früher entdeckt? Hat mich vielleicht der wenig tolle Bandname abgeschreckt? Oder sollte ich mal ein Foto von denen mit Trompeten gesehen und direkt entschieden haben, dass das nichts für mich sei? Ich habe ehrlich keine Ahnung, wie das passieren konnte. Ich hätte doch nur ein einziges Lied hören müssen: den »Elephant Song«.

Die fröhliche Melancholie, die Lust am schönen Leid, die dieser Song ausstrahlt, sind so herrlich. Das ist eines dieser Lieder, die man sich auf die Kopfhörer packen möchte, um durch die nächtlichen Straßen zu laufen und laut, schief und seine ganze Verzweiflung hineinlegend zu singen. Also, ich hoffe, dass das noch jemand anderes will, denn mir geht es sehr so bei diesem Prachtsong. Und vielleicht habe ich den einen oder anderen jetzt auch aus seinem Beirut-Dornröschenschlaf wecken können. Wie toll das wäre! Dann könnten wir zusammen losziehen!

Musik zum Text:

»Wunderbar« aus *Musik von oben* – Jeans Team
»God Only Knows« aus *Pet Sounds* – The Beach Boys
»My Sweet Lord« aus *All Things Must Pass* – George Harrison

»Within The Sound« aus *Everything You See Is Me* – Rasa
»Every Step Of The Way« aus *Let It Be Now* –
Helen Schneider
»Soul Food To Go« aus *Brazil* – The Manhattan Transfer
»Unser Film« aus *Jelängerjelieber* – Klee
»Hey, wenn du lachst« aus *Unverwundbar* – Klee
»Gefangen in einem Samstagnachmittag« aus *Solange die Rasenmäher singen* – Bernd Begemann
»Russisch Brot« aus *Für die nicht wissen wie* – Erdmöbel
»Elephant Gun« aus *Gulag Orkestar* – Beirut

Der Hauptvorteil daran, ein Auto zu besitzen, ist natürlich, den besten Ort der Welt zu haben, um Musik zu hören. Im Auto, womöglich auf der endlosen Autobahn, kann man das doch am allerbesten. Da ich selbst leider keinen Lappen habe, kenne ich das nur aus der Beifahrerperspektive. Tatsächlich wäre aber der Musikgenuss für mich der größte Ansporn, die Fahrlizenz auch in meinem Alter noch zu erwerben.

Bisher war ich immer auf andere Möglichkeiten angewiesen, Musik zu hören. Das Schöne am Autofahren ist ja, dass man sich zwar auf eine Tätigkeit konzentriert, dabei aber genau die Hirnregion unberührt lässt, die für musische Einflüsse zuständig ist. Man ist perfekt abgelenkt, um Musik ohne Hindernisse auf das Hirn niederprasseln zu lassen. Und kann sie deswegen so gut auf- und annehmen. Und da habe ich die perfekte Ersatzflüssigkeitstätigkeit entdeckt: Solitaire auf dem Computer spielen.

Das Spiel erfordert ein gewisses Maß an Aufmerksamkeit, dennoch bleibt alles Kreative unberührt. Und dieses gewisse meditative Element, wenn wieder neu gemischt wird und man sich durch die Möglichkeiten klickt, das versetzt mich in den Idealzustand, Musik zu hören. Das war früher noch extremer als heute. Heute reicht mir Solitaire nicht mehr, heute brauche ich »Hidden Object Games«, oder wie man im Deutschen so schrecklich sagt: »Wimmelbilderspiele«. Dabei kann ich hervorragend abschalten und mich komplett auf neue Musik einlassen.

Nun begab es sich aber zu einer Zeit, in der ich noch deutlich jünger war und in Köln lebte, dass ich am Computer saß, Solitaire spielte und dabei CDs hörte. Zum Beispiel die ganz wundervolle *(What's The Story) Morning Glory* von Oasis. Die habe ich da lieben gelernt. Ein Album für die Ewigkeit. Oder Terror-vision. Und irgendwann merkt man, dass sich ein Lied festsetzt, und dann guckt man nach, welches das ist. Es gibt keinen besseren Weg, Musik zu entdecken.

Ich hatte schon längere Zeit eine *Best Of Abba* rumliegen, die ich mir mal aus Gag gekauft hatte. Klar, »Dancing Queen« kannte ich, und manchmal konnte man das sogar auflegen, auf Geburtstagspartys von Freunden oder so. Ansonsten aber galten Abba als schwer uncool. Kann man ja auch ein bisschen verstehen. Schon alles sehr *cheesy* und kitschig. Aber irgendwann hatte ich alle meine CDs gehört und brauchte neuen Stoff, sonst würde ich nicht spielen können und mich in der Folge zu Tode langweilen. Also wagte ich es eines Nachmittags und legte die CD ein. Natürlich ging es mit der »Dancing Queen« los, und ich nahm erst mal eine leicht süffisant abwehrende Haltung ein. Ach ja, schon ganz okay, aber Fan würde ich wohl nicht werden. Es folgten »Thank You For The Music« und »Chiquitita«, alles Kitsch pur. Das hat mich nicht berührt. Gut, immerhin: Beim Spielen hat es auch nicht gestört.

Aber dann begann sich langsam etwas zu ändern. Es kamen Lieder wie »Knowing Me, Knowing You« oder »The Winner Takes It All«, und ich spürte plötzlich etwas, womit ich überhaupt nicht gerechnet hatte: Empathie. Die Lieder brachten ganz gut auf den Punkt, was an Beziehungen immer so irrsinnig kompliziert ist: Jeder will immer alles, aber keiner will einstecken. So eine verhältnismäßig *deepe* Aussage einer Band, der ich immer nur Tralala zugetraut hatte, das hat mich dann doch überrascht. Vollends überzeugt hat mich dann »One Of Us« und »The Name Of The Game«. Meine Güte, hier wurden ja menschliche Dramen verhandelt! Wie toll! Und da hatte ich mich noch lange nicht mit der Bandgeschichte beschäftigt, den zerbrochenen Ehen, den gekränkten Egos. Ich habe einzig und allein die Musik gespürt. Die hat mir das aber alles schon vorher mitgeteilt. Ich musste dann auch sofort aufhören zu zocken und habe vor allem die letzten beiden Lieder auf Repeat gehört. Fuck, jetzt war ich wohl Abba-Fan!

Ich bin früher auch regelmäßig in den Plattenladen gegangen, um mir stapelweise CDs zu holen. Ich brauchte immer neue musikalische Inspiration. Dabei habe ich oft genug Platten und CDs nur nach Artwork oder Bandnamen gekauft. Das ging ein paarmal gut (zum Beispiel bei Ostzonensuppenwürfelmachen-krebs) und ein paarmal ganz schön daneben (Real Cool Killers ist aus heutiger Sicht vielleicht auch gar nicht kein soooo cooler Bandname, aber damals fand ich den irgendwie gut). Aber das waren nicht die einzigen Einkaufskriterien. Zum Beispiel wurde damals die Platte *If I Were A Carpenter* schwer gehypet, auf der diverse Indie-Bands Songs der Carpenters coverten. Bekannt war vor allem die Single, das »Yesterday Once More«-Cover von Redd Kross. Ich mochte die ganze CD total gern, aber: Ich kannte die Carpenters gar nicht so richtig. Also, klar, »Close To You« hatte ich schon mal gehört, dann wurde es aber auch schon düsterer. Also habe ich mir eine »Best of« gekauft. Würde sicher interessant werden.

Doch auch hier folgte monatelange Ignoranz. Ich hörte lieber Geschmeido oder Fettes Brot. Und auch hier dasselbe Muster: Irgendwann aller CDs überdrüssig geworden, legte ich in einem Akt der Verzweiflung die Carpenters ein und ärgerte mich nach dem ersten Durchhören total über mich selbst, dass ich diese Platte nicht schon viel früher gehört hatte. Was waren das denn für unfassbar großartige Songs? Jetzt hatte ich wirklich das Gefühl, Pop verstanden zu haben. Die Größe der Lieder, die Dramen im Text und dieser Schmelz, mit dem Karen Carpenter die Lyrics intoniert, den ich so nie wieder bei irgendeiner Sängerin gehört habe – das war unerreicht. Frauen im Pop müssen heutzutage immer gleich ganz dick auftragen und am besten pro Lied 368-mal die Tonlage phrasieren und ihre Range beweisen, damit alle merken, dass es sich um eine tolle Sängerin handelt. Aber ich brauche keine Whitney, keine Mariah und auch keine Adele, wenn ich Karen Carpenter höre, wie sie behutsam mit jedem Wort umgeht, immer voller Respekt vor dem Lied. Sie ordnet sich dem Stück unter und nicht umgekehrt. Stellt ihre Stimme in den Dienst des Songs. Und lässt, wenn überhaupt, nur ganz raffiniert und subtil aufblitzen, dass auch sie so rumeiern könnte, aber gar nicht will. Meine Theorie ist ja, dass sie deswegen so speziell ist, weil sie selbst auch ein Instrument spielt und nicht nur reine Sängerin ist. Ich glaube, das schult einen darin, mehr auf den Song zu hören. Dazu ist sie auch noch Schlagzeugerin gewesen. Und wer einmal ein Video eines ihrer Drumsolos gesehen hat, der weiß, mit wie viel Leidenschaft und Spaß sie das machte. Sie hat sich nie als der singende Kleiderständer gesehen, sondern eher als Vollblutmusikerin, die halt singen muss, weil: Irgendwer muss es ja machen.

Und niemand hätte es besser machen können. Ich habe mir dann direkt ein 4-CD-Boxset von den Carpenters gekauft, mit Liner Notes von Richard, dem noch lebenden Bruder. Und das war wirklich superinteressant. Nun konnte ich die Lieder hören und dazu lesen, wie sie entstanden waren. Meine Lieblingsanekdote wurde die über »Goodbye To Love«: Das Lied ist eines der traurig-schönsten, die ich kenne. Nun waren die Carpenters aber eine Band, die auch bei »Spießern« sehr beliebt war. Die Hausfrau mit Vorgarten, die den ganzen Tag überlegt, was wohl die Nachbarn denken könnten, so die Kategorie. Und dann kam eben dieses Lied raus, und die Fangemeinde kaufte es auch brav. Aber plötzlich wurden die Carpenters überhäuft von Hass-briefen. Fans kündigten ihr Fandom angekündigt auf. Was war passiert? In dem Lied, das eine lupenreine, wundervolle Ballade ist, kommt am Ende, als Klimax, ein wundervolles, die ganze Verzweiflung (»I'll say goodbye to love …«) und gleichzeitige Erleichterung darüber, sich nicht mehr mit diesem anstrengen-den Thema Liebe beschäftigen zu müssen, atmendes Gitarren-solo mit einer angezerrten E-Gitarre. Und ab diesem Moment empfanden die »Fans« das Lied dann als »Heavy Metal«. Wegen dieser einen Gitarre! Das muss man sich mal vorstellen: »Nächs-tes Jahr auf dem Wacken: Slayer, Pantera, Napalm Death und die Carpenters!« Hihihi. Selbst Richard Carpenter muss darüber heute noch lachen.

Verwunderung rankte sich auch um das Lied, dessen sperri-ger Titel nur durch seine musikalische Sperrigkeit übertroffen wurde: »Calling Occupants Of Interplanetary Craft«. Auch hier die große Überraschung in den Liner Notes: Es handelte sich um ein Cover! Und zwar das Cover einer seltsamen Studiomu-siker-Band namens Klaatu, von denen angeblich niemand wuss-te, wie die aussehen. Weswegen auch ihr erstes Album, das kurz nach dem Split der Beatles erschien, für ein »heimliches« Beat-les-Album unter falschem Namen gehalten wurde. Klaatu selbst haben natürlich von dieser Aufmerksamkeit profitiert und schön die Füße stillgehalten. Das war gut für die Verkäufe. Und auf diesem Album war auf jeden Fall ein Rock-Epos drauf, über den Kontakt zu Außerirdischen. Und da dieses Lied schnell ein Her-zensprojekt von Richard Carpenter wurde (der ganz offensicht-lich nicht nur ein Gespür für Hits und tolle Melodien hatte, sondern auch ein großes Herz für schräge Sachen), hat er bei der Produktion mal auf die Kacke gehauen und aus dem Vollen ge-schöpft: ein riesiger Chor, Streicher-Ensemble, volles Orchester. Er konnte nicht widerstehen, dieses Lied so aufzunehmen, wie er sich das vorstellte. Und machte das große Epos daraus, das es auch sein muss. Diese Fanfaren am Ende, mit dem Riesen-Chor: Man denkt wirklich, dass die Außerirdischen bald kommen und dass wir ihnen unbedingt diesen Song vorspielen müssen, wenn es so weit ist. Lustigerweise bekamen die Carpenters nach dem Release dieser Single auch viel Post. Aber diesmal waren es keine Schmähbriefe. Diesmal wollten die Leute wissen, wann denn nun dieser »World Contact Day« sei, von dem im Lied die Rede war (und keiner regte sich über das Gitarrensolo auf, das durchaus eine gewisse Ähnlichkeit zu dem in »Goodbye To Love« aufwies …).

Wie konnte ich diese Band nicht lieben und für immer in mein Herz schließen? Die waren genauso bescheuert und fasziniert von jeglicher Musik wie ich!

Man stelle sich nur einmal vor, beide Bands, Abba und die Carpenters, hätte es weiterhin gegeben, und sie hätten, HipHop-Style, irgendwann mal über Features nachgedacht und dann kollaboriert! Abba und die Carpenters zusammen! Wie krass das gewesen wäre. Pop wäre implodiert und als leiser Ascheregen auf uns niedergegangen. Insofern ist es vielleicht gut, dass Abba sich aufgelöst haben. Aber um Karen Carpenter tut es mir wirklich leid. Wäre sie doch nur länger geblieben. Immerhin kann man sie jederzeit hören. Und feiern. Schön, dass sie da war!

Und manchmal öffne ich noch heute das Kartenspiel auf dem Computer, mache die Playlist auf und höre die Carpenters. Und welches Lied wohl? Na klar: »Solitaire«.

Musik zum Text:

»Champagne Supernova« aus *(What's The Story) Morning Glory* – Oasis

»Perseverance« aus *Regular Urban Survivors* – Terrorvision

»Knowing Me, Knowing You« aus *Arrival* – Abba

»The Winner Takes It All« aus *Super Trouper* – Abba

»One Of Us« aus *The Visitors* – Abba

»The Name Of The Game« aus *The Album* – Abba

»To The Singer Of Supertramp« aus *Absolut nicht frei* – Ostzonensuppenwürfelmachenkrebs

»Yesterday Once More (Every Shalalala)« aus *If I Were A Carpenter* – Redd Kross

»Unfehlbar schön« aus *Zwischen den Mahlzeiten* – Geschmeido

»Drei sind Zwei zu viel« aus *Auf einem Auge blöd* – Fettes Brot

»Goodbye To Love« aus *A Song For You* – The Carpenters

»Calling Occupants Of Interplanetary Craft (The Recognized Anthem Of World Contact Day)« aus *Passage* – The Carpenters

»Sub-Rosa Subway« aus *3:47 EST* – Klaatu

»Solitaire« aus *Horizon* – The Carpenters

Wie Sonic Youth mir mal meine Jugendliebe kaputtgemacht hat (oder war es A-ha?)

Der mit Abstand allergrößte Luxus, über den man in meiner Jugend verfügen konnte, war Kabelfernsehen. Da die Kabelnetzbetreiber wohl keine Lust hatten, jede bewohnte Straße aufzureißen, kam das eigentlich nur in Neubaugebieten vor. Oder in sehr dicht bewohnten Siedlungen. Unsere Siedlung war nicht unbedingt verwaist, lag aber am äußersten Stadtrand, also würde das Kabel auch hier, wenn überhaupt, wohl erst sehr spät ankommen (es kam übrigens nie).

In solchen Situationen ist es gut, wenn man eine beste Freundin hat. Also, das ist natürlich grundsätzlich gut. In diesem Fall aber hatte es noch einen weiteren Vorteil, denn Simone hatte Kabelfernsehen. Und einen eigenen Fernseher in ihrem Jugendzimmer. Der Fernseher war in ihrem Schrank untergebracht, und nach der Schule gingen wir zu ihr nach Hause, machten auf ihrem Bett liegend Hausaufgaben und öffneten dabei den Schrank weit, um parallel MTV laufen zu lassen. Aus den unterschiedlichsten Motiven: Sie wartete auf jede mögliche Sekunde New Kids on the Block, ich wartete auf irgendwas Cooles. Zum Beispiel die Red Hot Chili Peppers mit »Give It Away« oder später auch Nirvana (»Smells Like Teen Spirit« sah ich zum ersten Mal in Simones Schrank …). Und natürlich war das der Grund endloser Kabbeleien zwischen uns. Ich machte mich über ihre Schwärmerei für Jordan oder Joey, oder auf wen auch immer sie stand, lustig, sie verlangte (scherzhaft), das Video mit Kurt Cobain und den Cheerleadern auszumachen, weil es doch viel zu laut sei.

Simones beste Freundin war erstens mein großer Schwarm und zweitens A-ha-Fan *for life*. Damit ließ sich was anfangen, die Band fand ich auch ganz okay. Fan war ich nicht, aber kacke finden konnte man die auch nicht. »Take On Me« war schon ganz cool und »The Sun Always Shines On TV« auch. Vielleicht wirkte das unter den ganzen Teenie-Band-Fans auch eher *sophisticated*, und ich fand Sandra deswegen so super. Ich weiß es nicht. Simone war mit NKOTB ja sogar noch ganz gut bedient. Ein Mädchen aus meiner Klasse war Bros-Fan, die war eigentlich von allen am ärmsten dran. Keine Lobby und kein Verständnis. Aber auch da: Ich habe mir später sogar die »Cat Among The Pigeons«-Single gekauft, mit einer Akustik-Version von »Drop The Boy« als B-Seite. Ach ja, Pop hat uns alle damals ein bisschen verwirrt. Unsere kollektive Begeisterung für »Especially For You« ist das beste Zeugnis dafür. Was für eine kaputte Generation.

Aber im Ernst: Ich habe Simone natürlich auch tagelang damit in den Ohren gelegen, wie toll ich ihre beste Freundin fände, und gehofft, dass sie mir von dieser Ähnliches berichten könnte. Jedes Nachfragen nach mir gab mir weitere Hoffnung. Würde das, endlich, die große Liebe sein?

Eines Abends. Eine große Party um die Ecke. Alle sind da. Simones Andeutungen haben außerdem ergeben: Wenn ich mich heute nicht allzu doof anstelle, kann ich vielleicht ans Ziel meiner Träume gelangen. Meine Güte, wie aufregend! Erst mal ist auf der Party natürlich alles so, wie es immer ist: Mädchen stehen zusammen, legen mal ein NKOTB-Lied auf, ansonsten läuft viel Charts-Pop, und ab und zu okkupieren die Punk- und Metal-Jungs die Anlage, um mal ein Lied lang headbangen zu können. So weit, so harmlos. Dann aber kommt, natürlich, der Blues. »Song For Whoever« von The Beautiful South. Die Ironie des Songs ist noch keinem von uns bewusst. Er ist lang, er ist langsam, man versteht kein Wort. Mehr braucht ein Blues nicht. Meine große Stunde ist gekommen: Ich fordere Sandra zum Tanz auf.

Ihr Kopf auf meiner Schulter, meine Hände knapp über ihren Hüften. Unser Atem passt sich einander an. Das Lied scheint niemals aufzuhören. Ich rieche ihre Haare, diesen wunderbaren Duft. Sie hält sich an mir fest. Ich spüre ihre Hände. Sie drückt sich ein bisschen fester an mich. Ich halte sie, so gut ich kann. Ein wirkliches, wahrhaft ehrliches und absolut unschuldiges Gefühl von Liebe überkommt mich. Es ist der absolute Himmel.

Sie musste irgendwann gehen, ich brachte sie nach Hause, sie wohnte nur zwei Straßen weiter. Wir gingen so dahin, und ich erzählte vermutlich irgendeinen Quatsch. Unsere Hände berührten sich. Und vor ihrer Haustür gab es dann den ersten Kuss. O mein Gott. Das war ja besser als Himmel, Himmel und Himmel zusammen! Ich hörte Engelschöre und fühlte mich in meine Moleküle zerlegt. Sandra verschwand in ihrem Haus, und ich schwebte zur Party zurück. Für mich gab es kein Headbangen mehr, nur noch seliges Grinsen. Die Fete hab ich dann selbst früh verlassen. Das war mir alles zu banal. Ich war jetzt ein »Freund«.

Am nächsten Morgen, nach einer Nacht herrlich erholsamen Powerschlafs, frühstückte ich wunderbar und rief dann meine neue Freundin an. Mal hören, was sie heute so machen würde. Sie meinte, sie würde zu Hause bleiben, ein bisschen rumhängen und Hausaufgaben machen. Irgendwie wollte sie nicht zu mir kommen. Also gut, dann würde ich am Nachmittag vorbeikommen, wenn das okay für sie wäre. War es. Und von da an fieberte ich dem Nachmittag entgegen. Die Zeit vergeht ja besonders langsam, wenn man auf irgendetwas wartet, und ich habe dann einfach ein paar CDs zusammengepackt. Ich hatte mir nämlich die Mission auferlegt, Sandra neue Musik zu zeigen. Ihren musikalischen Horizont zu erweitern mit Bands oder Platten, die mir am Herzen lagen und die sie vielleicht (bestimmt) noch nicht kannte. So hatte ich die *Cool* von Throw that Beat in the Garbagecan! und die *Dirty* von Sonic Youth im Gepäck. Gutes Kontrastprogramm zu A-ha. Und wir würden immer zusammen Musik hören und andauernd neue Bands entdecken und das sich am besten auskennende Paar der Musikgeschichte werden. Meine Vision war klar, und romantischer hätte es nicht mehr werden können.

Endlich war es so weit. Ich schwang mich auf mein Rennrad und düste durch die Stadt, bis ich an ihrer Wohnung angekommen war. Aufgeregt klingelte ich, und sie machte mir lächelnd die Tür auf. Mein Gott, was war die schön. Ich war unfassbar verliebt. Ich schwebte ihr hinterher in ihr Zimmer und machte es mir gemütlich. Die große Frage war natürlich: zuerst Musik hören oder zuerst knutschen? Aber die Entscheidung lag ja nicht allein bei mir. Ich würde Sandras Signale richtig deuten müssen. Das war nicht einfach, wenn man so frisch zusammen war wie wir, aber ich würde es noch lernen.

Aufgeregt wartete ich darauf, ihr endlich neue Musik zeigen zu können. Wir plauderten betont lässig über die Party des Vorabends und irgendwelche Schulfreunde. Wir lachten über die besonders Doofen und ärgerten uns über ein paar Lehrer. Langsam schaffte ich es aber, das Gespräch in Richtung Musik zu lenken. Ich wusste natürlich, dass sie A-ha-Fan war, tat aber trotzdem ein bisschen überrascht, als sie mir davon erzählte. So bescheuert, wie man sich eben in solchen Situationen verhält. Und brachte mich gleich ein, indem ich erklärte, dass mein Lieblingslied von ihren Helden »Hunting High And Low« sei. Es schien ihr zu gefallen, dass ich so andocken konnte. Sofort spielte sie mir ein paar Lieder von ihrer schon x-fach gehörten A-ha-CD vor. War gar nicht so schlecht. Ich würde mir die wohl wirklich mal auf Albenlänge anhören müssen. Jetzt aber stand erst mal mein großer Moment an. Ich wollte mit etwas Schönerem anfangen und mich dann zu den sperrigeren Themen vorarbeiten. Also startete ich mit Throw that Beat und »Cool«. Einmal Lieblingslied, immer Lieblingslied. Das gilt zumindest für sämtliche Throw-that-Beat-Songs, die es in mein Herz geschafft haben. Das haben sonst in dieser Fülle eigentlich nur die Lassie Singers gepackt. Bei beiden Bands ist es so: Höre ich heute ein Lied von denen, das ich damals mochte, muss ich sofort alle anderen auch noch hören. Magie.

Bei den Lassie Singers zum Beispiel ist es vor allem die Platte *Sei à gogo*. Was für ein tolles Album. Mein Bruder Ralf hat mir das damals zum Geburtstag geschenkt, weil ich schon das erste *(Die Lassie Singers helfen dir)* so gern mochte. Das hier war aber noch besser, noch perfekter: schönster Schrammel-Gitarren-Pop mit diesem sehr speziellen, sehr Lassie-eigenen mehrstimmigen Frauengesang. Und dann die Texte: Ich hab mich beim Hören total mit einer »Erwachsenenwelt« verbunden gefühlt, die aber noch cool genug war, sich nicht zu ernst zu nehmen. Und gleichzeitig hatten die Texte alle so viele Codes und Chiffren, die ich noch gar nicht entschlüsseln konnte. Das kam über die Jahre, peu à peu. Vielleicht auch einer der Gründe, warum mich die Lieder so lange begeistern konnten und immer noch können. Um manche Dinge nachvollziehen zu können, muss man eben ein gewisses Maß an Lebenserfahrung haben. Und vielleicht auch in einer Großstadt gelebt haben. Eines meiner sofortigen Herzensstücke des Albums kann ein Lied davon singen: »Leben in der Bar«. Als Teenie mochte ich die Melodie, die Hook, die »Bilder« im Text mit den ganzen Viechern und Fabelwesen und den »Ficken!«-Witz (in dem der Zensur-Piep erst *nach* dem bösen F-Wort kommt). Erst sehr viel später musste ich lernen, dass es wirklich immer so ist, wie in dem Lied beschrieben. Vor allem in Stammlokalen. Immer dieselben Typen, denen man irgendwann Namen gibt. Und alle verhalten sich immer so, wie es ihre Rolle vorschreibt. Faszinierend. Und nirgends so auf den Punkt gebracht wie in diesem Lied. Ein Song also für jedes Alter. Bis heute versuche ich übrigens immer herauszuhören, was die einzelnen Instrumente spielen, um zu lernen, wie eine Melodie geht, die ich toll finde und die mich berührt. Ich schaffe es nur nie, mich darauf zu konzentrieren, weil mich das Lied dann immer, immer, immer packt und ich spätestens ab der zweiten Strophe wieder mitsingen muss. »Ich sag: Mikrokosmos, hallo!«

Eine ähnliche Liebe verbindet mich mit Throw that Beat in the Garbagecan! (die ja später nur noch Throw that Beat hießen). Auch hier: Die Songs waren so süßlich oder manchmal auch von einer herzzerreißenden Melancholie (da vor allem die von Schlagzeuger Alex geschriebenen) – wen nicht wenigstens ein Lied auf einem TTBITG-Album irgendwie berührt hat, der konnte sich mit ziemlicher Sicherheit den eigenen Seelentod attestieren lassen. Dazu stand eine Gruppe auf der Bühne, deren Mitglieder so schräg unterschiedlich wie absolut homogen waren. Der Frontmann mit der seltsamen Stimme, der schüchterne Schlagzeuger, der Gitarren-Nerd, der Old-School-Punk-Bassist, die Hippie-Keyboarderin mit den kilometerlangen Beinen und die verträumte Backgroundsängerin (die auch noch die

Schwester der Keyboarderin war). Das war ein bunter Haufen. Nicht umsonst haben die auf dem ersten Album auch das Lied von Pippi Langstrumpf gecovert (was sie vermutlich bis zum letzten Album verfolgt hat …). Wie gern erinnere ich mich an das zweite Album zurück, die Platte, mit der ich die Band für mich entdeckt habe, *Not Particularly Silly*. Abgesehen von so tollen Songs wie »A Chocolate Bar For Breakfast« oder »A Kiss From You Each Day« gab es darauf ein Lied mit dem Titel »I Wanna Be With You«. Eine der schönsten Verliebtenhymnen der Welt, denn der Text besteht nur aus dieser einen Zeile, und die spaziert verliebt über große, sehnsüchtige Gitarrenwände. Yes, I wanna be with you too, Throw that Beat!

Aus meinem ersten Interview mit der Band entstanden viele verschiedene Freundschaften, die Idee zu einer leider nie produzierten Platte (Iwie, die Keyboarderin, und ich wollten immer eine Cover-EP machen, die »Pizza-Taxi« heißen sollte – wir wussten gar nicht so richtig, warum, fanden das aber irgendwie cool und lustig …) und sogar eine Band (Klaus, der Frontmann, und ich gründeten einst eine Politrock-Band namens Rots – in Anlehnung an die Politrock-Legende Bots – und hatten drei Auftritte damit, bevor dieser grandiose Act mit solchen Protestsongs wie »PorNO« oder dem »Atombusenbombenblues« wieder einschlief …).

Und, am wichtigsten: Es entstand die Beziehung zu Gina, der späteren Backgroundsängerin (ab dem Moment, als sie sich nur noch Throw that Beat nannten), meiner ersten richtigen, richtigen Freundin, mittlerweile eine Hälfte der fantastischen Zerstörer- und Verstörer-Band Cobra Killer. Throw that Beat gibt es schon lange nicht mehr, die Mitglieder sind über das ganze Land verstreut und machen die unterschiedlichsten Sachen. Heimlich aber sitze ich immer wieder zu Hause, höre die ganzen Platten noch mal und träume von der großen Reunion. Ich stünde in der ersten Reihe. Vielleicht wird es ja dann auch noch was mit »Pizza-Taxi«.

Aber zurück zu Sandra: Sie schien die Lieder ganz okay zu finden. Aber so richtige Begeisterung setzte nicht ein, zumindest nicht die gleiche Begeisterung wie bei mir. Aber das war vielleicht gar nicht so schlimm, sie musste sich eben erst reinhören. Ich würde ihr von Chartsmusik getrübtes Ohr neu eichen müssen, sie fordern und lehren müssen, Schönheit auch im größten Krach zu entdecken. Der Zeitpunkt für ein wenig Schocktherapie war gekommen. Sonic Youth. Wobei ich ihr da ja noch die poppigste und vergleichsweise zugänglichste Platte vorspielte, eben *Dirty*. Mit dem großen Hit »100%«. *»A hundred percent of your love ...«,* die Message würde ja wohl ankommen. Auch bei uns Schulenglisch-Speakern. Das noisige Intro ließ ihre Miene gleich versteinern. Der Einsatz von Schlagzeug und Gesang machte es auch nicht wesentlich besser. O-oh, ich hatte hier richtig in die Scheiße gegriffen. Um aber mein Gesicht nicht zu verlieren und weil ich wirklich glaubte, sie könnte sich dafür begeistern, wenn sie sich nur ausreichend hineinhörte (vor allem Sonic Youth hielt ich für eine Band, die man sich als Hörer »erarbeiten« muss – heute weiß ich, dass das sogar stimmt ...), nickte ich weiter begeistert mit. Solche Musik war bestimmt noch nie aus dieser Anlage gekommen. Nach zwei Minuten und neunundzwanzig Sekunden war der Song vorbei, und Erleichterung machte sich auf ihrem Gesicht breit. Ich würde diese Lektion für heute beenden müssen, das war sogar mir klar. Um das Thema »Musik« aber nicht mit dieser Schlappe beenden zu müssen, entschied ich mich für einen genialen Coup: Ich durchstöberte ihre Plattensammlung. Und da, endlich, fand ich die Lösung: Der *Pretty Woman*-Soundtrack. Warum der die Lösung war? Auf dem Soundtrack befand sich ein Lied der Red Hot

Chili Peppers! Nun war eben dieses »Show Me Your Soul« sicher nicht die beste Nummer der Kalifornier (vor allem da die *Blood Sugar Sex Magik* schon raus war, das Über-Hitalbum und eine der besten Platten aller Zeiten), aber hey: Ich arbeitete hier mit dem, was ich kriegen konnte. Mit einem »Hey, was du hier für Schätze hast!« legte ich die Platte sofort auf. Sandra guckte skeptisch. Das Lied ging los. Klassischer Chili-Peppers-Frühneunziger-Funk. So wie auf *Mother's Milk*, meinem ersten Album der Band. Allerdings ließ ein »Ach, das! Das find ich das blödste Lied auf der Platte!« nichts wirklich Gutes erahnen. Ich hatte gegeben, was ich konnte. Der Tag war kein richtiger Erfolg gewesen, aber ich hatte das ganze Projekt ja auch langfristiger angelegt. Ich würde ihr meine Begeisterung schon noch nahebringen können. Zum Abschied knutschten wir ein bisschen. Nicht lange, nicht ausgiebig – aber für mich absolut perfekt. Und damit schwebte ich nach Hause.

Am nächsten Tag war ich mit meiner besten Freundin Simone verabredet. Mal wieder ein bisschen MTV gucken. Hoffentlich würde heute endlich Nirvana kommen. Außerdem konnten wir so am besten über ihre alte beste Freundin und meine neue feste Freundin Sandra reden. Wir lagen auf Simones Bett, aus dem Fernseher quäkte Chesney Hawkes gerade heraus, dass er »*the one and only*« sei (ein Song, dessen Grandezza mir erst mit Mitte dreißig auffiel – davor fand ich einfach nur das Muttermal über Hawkes' Oberlippe störend), und wir redeten über das vergangene Wochenende. Ich erzählte Simone aufgeregt, wie toll es gewesen war, wie spannend und super und überhaupt. Und dann: Gewitter, Blitzschlag, Erdbeben, Schockfrost und Hagelschauer gleichzeitig.

»Ähm, Nilz, halt dich bei Sandra mal ein bisschen zurück.«

Ich will es nicht unnötig in die Länge ziehen: Sandra machte nach nicht mal einer Woche schon wieder Schluss mit mir. Ich überzeugte sie einfach nicht, sie fühlte mich nicht, irgendwie passten wir ihrer Meinung nach nicht zusammen. Wahrscheinlich hatte sie sogar recht, aber das wollte ich zu dem Zeitpunkt natürlich nicht wahrhaben. Das, was ich an Musik liebte, war nicht vereinbar mit dem, was sie liebte. Was fühlte ich mich tragisch, was fühlte ich mich verlassen. Aber ich hatte ja die besten Tröster, die ein Junge mit gebrochenem Herzen sich wünschen konnte: meine Lieblingsbands. Und englisches Musikfernsehen im Schrank der besten Freundin.

Musik zum Text:

»Please Don't Go Girl« aus *Hangin' Tough* – New Kids on the Block
»Give It Away« aus *Blood Sugar Sex Magik* – Red Hot Chili Peppers
»Smells Like Teen Spirit« aus *Nevermind* – Nirvana
»The Sun Always Shines On TV« aus *Hunting High And Low* – A-ha
»Cat Among The Pigeons« aus *Push* – Bros
»Especially For You« aus *Ten Good Reasons* – Jason Donovan und Kylie Minogue
»Song For Whoever« aus *Welcome To The Beautiful South* – The Beautiful South
»Cool« aus *Cool* – Throw that Beat in the Garbagecan!
»100%« aus *Dirty* – Sonic Youth
»Hunting High And Low« aus *Hunting High And Low* – A-ha
»Leben in der Bar« aus *Sei à gogo* – Lassie Singers

»I Wanna Be With You« aus *Not Particularly Silly* –
Throw that Beat in the Garbagecan!
»Aufstehn« aus *Aufstehn* – Bots
»Knock Me Down« aus *Mother's Milk* – Red Hot
Chili Peppers
»The One And Only« aus *Buddy's Song* – Chesney Hawkes

Die einzigen drei Technotracks*, bei denen ich immer durchdrehte und nach wie vor -drehe

*Ja, ich habe den Begriff »Techno« sehr weit gefasst, er steht hier eher für »Elektronische Tanzmusik«, aber das klingt wie eine James-Last-Platte von 1967, und die Songs in der Liste habe ich alle schon in Technoclubs gehört, insofern geht die Bezeichnung wohl klar.

Platz 3
»Poison« – The Prodigy
Diese klaren Drums, die so einen Stolperer machen, nachdem die gesamplete Gesangsline kam, haben mich immer so mitgenommen, dass ich mir jedes Mal an die Brust fassen musste, an den Solar Plexus, wenn ich dieses Lied irgendwo laut gehört habe (was leider selten genug der Fall war – ein richtiger Club-Hit wurde das irgendwie nicht, zumindest nicht in den Clubs, in die ich ging). Und dann hängt sich das in der Mitte noch so auf, bevor es in einem krassen Crescendo aufplatzt wie eine Piñata und die ganzen Süßigkeiten auf einen niederprasseln, nur dass in der Prodigy-Piñata kein Süßkram ist, sondern vermutlich Pillen und Kapseln aus aller Herren Länder, die einem unkontrolliert in den Mund rieseln und dann irgendwas mit dem Körper machen, was vorher nicht abzusehen ist. *They got the poison, they got the remedy.*

Platz 2
»Block Rockin' Beats« – The Chemical Brothers
Ich wollte früher einmal unbedingt Breakbeat-DJ werden. Ich habe mir dann im Technoplattenladen superoft Platten gekauft, deren Rhythmus vor allem auf dem »Amen Break« (ein kurzer,

im HipHop, z. B. in N.W.A.'s »Straight Outta Compton«, millionenfach verwendeter Drumbreak, der ursprünglich aus dem wenig erfolgreichen Song »Amen, Brother« der Band The Winstons stammte) basierte. Und irgendwann hatte ich tatsächlich eine stattliche Anzahl an Platten, die man als Breakbeat, manchmal mit leichten Jungle-Tendenzen (die Übergänge waren da ohnehin fließend, Jungle evolutionierte sich irgendwie aus Breakbeat heraus – und wurde dann deutlich erfolgreicher), bezeichnen konnte. Im Auflegen war ich noch nicht so gut. Ich hatte ja auch nur meine Kompaktanlage. Sabine Christ, DJ aus Köln und gute Freundin, lud mich sogar paarmal ein, an ihren Turntables zu üben, aber mein Nichtskönnen, was das Mixing betraf, und die gleichzeitige Hektik der Musik kosteten doch mehr Nerven als erwartet. Aber ich hatte ja noch ein Ass im Ärmel: Ich legte nämlich schon längst auf. In einer Kneipe, in der ich als Rock-/Alternative-/Indie-DJ spielte. Eines Tages begann ich damit, die eine oder andere der Breakbeat-Platten dort in mein Set einfließen zu lassen. Das waren immerhin Platten des »Digital Hardcore«-Labels, das von Alec Empire betrieben wurde, der wiederum mit Atari Teenage Riot die modernste und kompromissloseste Punkband hatte, zumindest nach meinem Empfinden. Leider war ich auch der Einzige mit diesem Empfinden, und so verlor ich mein DJ-Engagement. War nicht dramatisch. Ich fand Breakbeat cool und punkig, aber wie das englische Sprichwort sagt: *You can't teach an old punk new beats.* Oder so. Umso lustiger, dass plötzlich, ein Jahr später, die Chemical Brothers in sämtlichen Clubs, auch den Alternative- und Punk-Läden, rauf und runter gespielt wurden, mit einem Sound, der zwar perfektionierter und cleverer produziert war, aber im Grunde genommen doch nur eine Weiterentwicklung dessen, was ich so geil fand. Ich freute mich einfach, dass ich mit meiner Einschätzung des musikalischen Potenzials so richtiggelegen hatte. Und dass ich nicht mehr auflegen musste. Denn jetzt konnte ich zu dem Lied immer in Ruhe tanzen. Und ausflippen. Denn wer bei dabei still sitzen bleiben kann, der hat noch nie getanzt.

Platz 1
»Higher State Of Consciousness« – Josh Wink

Versuchsanordnung
Man nehme: eine Bohrmaschine, einen Fräs- und einen Farbquirlaufsatz für selbige. Außerdem alte Zeitungen, vielleicht auch Spritzschutzfolie für die Wände, falls man den Versuch nicht draußen durchführt. Und ein dickes Pflaster.

Der Proband stellt sich aufrecht hin. Die Bohrmaschine wird mit dem Fräsaufsatz ausgestattet. Nun wird, mit aller Vorsicht, ein handtellergroßes Loch in den Schädel des Probanden gebohrt. Danach tauscht man den Aufsatz gegen den Farbquirl aus. Dieser wird nun vorsichtig in den Kopf eingeführt und eingeschaltet. Dabei ist exakt auf die Reaktion des Probanden zu achten. Nach ca. sieben Minuten beendet man die Prozedur, versetzt das Hirn wieder in seinen Urzustand und schließt den Schädel professionell mit dem extradicken Pflaster. Wenn der Proband den Kopfschmerz losgeworden und die Wunde verheilt ist, folgt der zweite Teil des Experiments.

Der Proband wird in einen leeren Raum verbracht. Weiße Wände, der einzige Einrichtungsgegenstand ist ein Stuhl. Er wird für einige Zeit sich selbst überlassen, natürlich unter ständiger Beobachtung durch eine Videokamera. Sollte der Proband erste Anzeichen von Langeweile zeigen, folgt der zweite Teil des Experiments. Über versteckte Lautsprecher wird der Track

»Higher State Of Consciousness« von Josh Wink eingespielt. In einer Lautstärke, die gerade noch erträglich ist, verständliches Sprechen aber schon nahezu unmöglich macht. Die dann zu beobachtenden Symptome machen deutlich: In der Wirkung auf den Menschen besteht kein Unterschied. Q.e.d.

Jeder DJ, der dieses Stück damals in sein Set eingebaut hat, war ein totaler Gott. Ich glaube, das empfände ich noch heute so. Der Track ist absoluter Irrsinn, der einen schon nüchtern, bei Tag gehört, in den totalen Wahnsinn treibt. Aber nachts, im vernebelten Club, angetrunken, tanzend, mit der Energie vor Ort aufgeladen: Da wirkt das Ding wie ein Zünder, der einen zum Explodieren bringt. Wie eine Silvesterrakete. Ich bin weiß Gott kein großer Technofan, aber mit diesem Track begreift die Kraft dieser Musik sogar Oma Trude. Auch wenn sie ihn vermutlich nach einem Mal nie wieder hören wollen wird. Denn es kostet ganz schön Kraft, das auszuhalten. Aber man wird belohnt. Vermutlich sind die Höhen der rumfiepsenden Roland TB-303 (ein klassischer Synthesizer, der maßgeblich für den »Acid«-Sound verantwortlich ist), die gegen Ende des Lieds total durchdreht und hoch und runter gepitcht wird, von der CIA erprobt und stimulieren das Hirn zur Endorphin-Ausschüttung. Wie beim Bungee-Sprung. Nur dass hier das rettende Gummiband fehlt.

Musik zum Text:

»Straight Outta Compton« aus *Straight Outta Compton –* N.W.A.

Ich muss dieses Lied haben!
(Prä-Internet-Version)

Das Erste, was mich am Internet krass geflasht hat, war Napster. Plötzlich lag alles an Musik frei rum. Man fühlte sich, als wäre man in einem Plattenladen eingeschlossen und könnte hören und sich nehmen, was immer man wollte. Musikliebhaber auf der ganzen Welt hatten auf einmal Zugriff auf die Musik der ganzen Welt. Es ist immer noch kaum begreifbar, wie sehr das alles verändert hat. Klaro, als Materialgut hat Musik damit auch plötzlich an Wert verloren. Man war nicht mehr von der Gnade hiesiger Plattenläden abhängig, man hatte nun permanent Zugriff. Bands reagierten als Erstes (die Labels waren da noch im Tiefschlaf): Metallicas Lars Ulrich machte sich für alle Ewigkeiten unbeliebt bei internetaffinen Metallica-Fans, weil er gerichtlich gegen Napster vorging. Mag sein Verhalten auch verständlich sein, die Entwicklung war längst nicht mehr aufzuhalten. Napster hat man erst aufgekauft und dann verrecken lassen, aber in der Zwischenzeit hatten schon wieder 27 andere Tauschbörsen oder Tauscharten das Licht der Welt erblickt. Das Internet ist zum Schulhof geworden, auf dem Musik getauscht wird, ohne »Unrechtsbewusstsein«.

Aber wie ist man eigentlich vorher an Musik gekommen? Wie hat man neue Songs entdeckt?

Es war mitten in der Nacht. Mein lieber Freund Bertil und ich saßen im Auto und fuhren durch die Walachei (sprich: Eifel). Wir hatten noch eine lange Fahrt vor uns, die Straßen waren leer, die Umgebung tiefschwarz, und zu erzählen hatten wir uns gerade auch nichts mehr. Also hörten wir Radio. Damals gab es eine Sendung, in der ein Hörspiel live erzählt wurde und die

Zuhörer per Telefon in die Handlung eingreifen konnten. Wir haben uns kaputtgelacht. Das war ein großer Spaß. Danach kam gute Musik, denn wenn im Radio gute Musik gespielt wird, dann nur, wenn vermutlich niemand mehr zuhört. Das ist so ein eisernes Radio-Gesetz. Da sitzt dann sogar ein Moderator, der was über die Lieder zu erzählen hat. Verrückt. Wie gesagt: So was erlebt man nur nachts.

In dieser Sendung lief auf jeden Fall allerlei komisches und gutes Zeug. Und wir unterhielten uns über die Stücke. Aber dann kam auf einmal eine Nummer, die uns beide verstummen ließ. Ein komisches Sprachsample, eine Gitarre und das Ganze noch mal mit einer ordentlichen Drummachine aufgeblasen. Dazu lief das Lied in eine Spirale, die es auf einen totalen Zerstörungs-Höhepunkt zulaufen ließ, wo es dann explodierte und die Reste des Songs wie Asche nach einem Vulkanausbruch noch leicht glimmend langsam auf die Erde zurückschwebten. Wir waren absolut gepackt von diesem Song. So was kannten wir nicht. Der Moderator erzählte, was wir da gerade gehört hatten. Ich hatte nichts zu schreiben dabei, Bertil auch nicht. Deswegen sagte ich den Interpreten und Titel ganz laut und oft vor mich hin, um mir das so einprägen zu können: »Fatboy Slim! Fatboy Slim! Fatboy Slim! Rockafeller Skank! Rockafeller Skank! Rockafeller Skank!« Aber es war spät, wir waren müde, und die Fahrt dauerte noch ewig. Bis wir zu Hause waren, hatte ich es schon wieder vergessen.

Als ich ausgeschlafen hatte und beim Frühstück saß, kam die Erinnerung wieder. Da war doch was gewesen, gestern Abend. Ein Lied, ein Lied. Wie hieß es noch mal? Nach längerem Hin- und Herüberlegen war mein Hirn offensichtlich wach genug, um sich zu erinnern. Na klar! »Rockafeller Skank« von Fatboy

Slim! Jetzt war die Vorgehensweise wichtig, denn wo sollte ich das Stück herbekommen? Klar war, dass ich es nicht einfach so in einem Saturn oder Media Markt bekommen würde. Es war irgendwie eine Club-Nummer, aber auch nicht wirklich Techno (der Begriff »Big Beat« war zu der Zeit noch nicht bekannt –zumindest mir nicht). Ich beschloss, es erst einmal im Herzen des HipHop zu versuchen (wo »HipHop« noch großzügig ausgelegt wurde und auch die eine oder andere House- oder Breakbeat-Nummer ihren Platz fand): bei Groove Attack in Köln.

Ich bin also dorthin, sofort im Plattenkeller verschwunden und habe die Fächer durchsucht. Ich wusste kein Genre, deswegen hab ich mich einfach direkt durch alles durchgewühlt. Und tatsächlich: Irgendwann hielt ich eine einfache Maxi eines Labels namens »Skint« in den Händen. In verschnörkelter Schrift stand auf dem weißen Label »Rockafeller Skank«. Ich habe das Teil sofort bezahlt und bin so schnell wie möglich nach Hause. Unmöglich zu sagen, wie oft ich das Stück an diesem Tag gehört habe. Meinen Mitbewohnern hing es mit Sicherheit irgendwann zum Hals raus, aber ich hatte endlich gefunden, wonach ich so lange gesucht hatte. Ein perfekter Tanzsong. Ein paar Wochen später habe ich den noch in der Umbaupause auf einem Festival gehört. Ein paar meiner Freunde waren auch da, die kannten das Lied alle durch mich, gezwungenermaßen. Und unsere kleine Gruppe hat dann abgedanced, als ob es kein Morgen gäbe. Sonst kannte niemand im Raum das Lied, die haben uns alle komisch angeguckt, aber wir hätten fröhlicher nicht sein können und tanzten die bescheuertsten Choreografien, die uns gerade einfielen. Kurze Zeit darauf wurde der Song dann auch endlich zu Recht der Hit, der er nun mal war. Aber diese Zeit, in der ich das Lied noch für mich allein hatte, die war toll.

Ein anderer Fall, ein anderes Stück. Diesmal ging es nicht um eine Neuentdeckung, sondern eher im Gegenteil: Ich suchte ein altes Lied. Ein Lied, das anscheinend hierzulande nicht aufzutreiben war.

Ich liebe gute Filmmusik. Deswegen sind mir auch Regisseure grundsympathisch, die viel Musik einsetzen. Scorsese zum Beispiel. Diese Sequenz aus *Goodfellas* zum Beispiel, bei der im Hintergrund das Ende von Eric Claptons »Layla« zu hören ist, die hatte es mir gerade wegen dem Lied immer sehr angetan. Bis ich dann irgendwann mal gecheckt habe, dass das aus einem ganz anderen Lied kommt. Da fand ich es dann irgendwie noch viel geiler. Oder der *Charlie's-Angels*-Soundtrack! Fast nur Hammer-Songs. Der Soundtrack zum zweiten Teil hat mich sogar mit »A Girl Like You« von Edwyn Collins versöhnt. Mit den Bildern dazu habe ich zum ersten Mal gecheckt, wie viel Coolness eigentlich in der Nummer steckt. Und dann gab es ein Lied, das war mir zum ersten Mal aufgefallen, als ich *Waterboy* im Kino gesehen hatte. Der Adam-Sandler-Film war relativ unerträglich, nicht zuletzt, weil man es in Deutschland für eine irrsinnig lustige Idee hielt, den von »Supa Richie« Matze Knop synchronisieren zu lassen. Passte zwar null, aber irgendwer im Verleih fand das wohl komisch. Ein Trauerspiel. Aber: In dem Film gibt es eine Szene, in der Sandler alleingelassen auf einem Football-Feld steht und dann nach Hause geht (oder so), und dazu läuft im Hintergrund ein Lied, das ich nicht kannte, das mich aber sofort kickte. Man hörte, dass es ein älteres Lied sein musste, wohl 70er/80er. Und der Refrain war offenbar irgendwas mit »*lonely boy*«, also konnte man wohl davon ausgehen, dass das Lied auch so hieß. Aber von wem das war: keine Ahnung. Ich vergaß es dann auch relativ schnell wieder. Als ich Jahre später in einem anderen Kino saß und einen anderen Film sah, passierte mir das Gleiche wieder. In Paul Thomas Andersons Meisterwerk *Boogie Nights*, das übrigens randvoll mit handverlesener sehr guter Musik ist, gibt es eine Szene, die auf einer Party spielt. Das Telefon klingelt, ein Partygast geht ran. Offensichtlich sucht der Gesprächspartner am anderen Ende der Leitung seine Mutter. Aber auch nach mehrmaligem In-die-Runde-Rufen meldet sich niemand, der Anrufer hat sich wohl verwählt. Schon im Hintergrund geht das Lied leise los, dann steigert sich die Lautstärke, und als ein Schnitt auf die vermeintliche Mutter des Anrufers folgt, Amber, die nicht reagiert hat, weil sie gerade in einem anderen Raum am Koksen war, aber nun in die auf sie zufahrende Kamera blickt, als hätte sie etwas gespürt, hört man das Finale des Songs mit den Worten *»oh, what a lonely boy«*. Auch da wieder: Was für ein perfektes Lied! Ich wartete den Abspann ab und erfuhr endlich, dass es sich um ein Lied von einem gewissen Andrew Gold handelte. Die Jagd war eröffnet.

Jeden Plattenladen in jeder Stadt, in der ich war, durchsuchte ich. Jeden Flohmarkt, den ich besuchte, klapperte ich ab. Nichts. Niemand schien auch nur irgendetwas von Andrew Gold zu haben. Es war zum Verrücktwerden. Irgendwann gab ich die Hoffnung auf. Es gab ja zum Glück noch andere tolle Lieder.

Ungefähr ein Jahr später flog ich nach Amerika, genauer gesagt für sechs Wochen nach Hawaii. Obwohl ich Nichtschwimmer bin, freute ich mich natürlich. Hawaii, Alter! Wie geil! Mein Gepäck entschied sich, erst nach einer Woche nachzukommen, aber das war egal. So lernte ich zumindest, dass es die allercoolsten Second-Hand-Shirts bei der Heilsarmee gibt. Richtig coole Sachen hatten die da. Den Rest besorgte ich bei Sears in der Mall von Maui. Alles war gut.

Eines Abends fuhren wir wieder in die Mall, um ein bisschen zu bummeln und vielleicht noch ins Kino zu gehen (damals lief gerade Tim Burtons *Sleepy Hollow* an, yeah!). Als ich dann in einem großen CD- und Bücherladen stand, fiel es mir wieder ein. Der Song! Ich war in Amerika, hier musste ich es noch mal versuchen! Die mussten den doch haben!

Ich lief zum Counter und fragte nach CDs von Andrew Gold. Der freundliche Mitarbeiter guckte in seinem Computer nach und fand: nichts. Verdammt. Warum zum Teufel war das nur so ein Problem? Ich war wirklich verzweifelt. Wenn die auch hier, am anderen Ende der Welt, nichts von dem hatten, dann war es offensichtlich ein Ding der Unmöglichkeit, dieses Lied aufzutreiben.

»Ah, Moment! Ich habe hier was von Andrew Gold. Auf einem Sampler. Aber da ist nur ein Lied von ihm drauf: ›Lonely Boy‹ heißt das. Reicht das auch?« Ich lief dem Verkäufer wie auf rohen Eiern gehend hinterher zum Regal, in dem der Sampler stand: *AM Gold 1977*. Wie hätte ich denn bitte auf so was kommen sollen? Die anderen Lieder da drauf waren mir völlig egal. Auch der Preis spielte keine Rolle. Die CD war nicht billig, aber ehrlicherweise hätte sie auch 500 Dollar kosten können, ich hätte sie sofort mitgenommen. Beschwingt ging ich zur Kasse. Das Personal in dem Laden kicherte die ganze Zeit. Die hatten mit Sicherheit noch nie einen Kunden gesehen, der sich so über eine CD freute. Ich wollte dann auch nicht mehr ins Kino, ich wollte schnell ins Auto, weil wir da einen CD-Player drin hatten. Endlich fuhren wir zu unserem Apartment zurück. Und ich schob die CD ein. Skippte zu Lied Nummer sieben. Und da war es: das Piano. Dann die Drums mit der Kuhglocke. Rhodes und Gitarre setzen ein. Und dann der Gesang. Was für ein Lied. Perfekt zwischen fröhlich und traurig, zwischen poppig und fast artrockig balancierend. Und so herrlich dramatisch. Ich war im siebten Himmel, das Lied war in ganzer Länge noch zehntausend Mal besser, als ich es mir nach den kurzen Ausschnitten, die ich kannte, immer vorgestellt hatte. Mein Team wunderte sich ein wenig über meine Euphorie, aber als ich ihnen erklärte, dass ich das Lied schon seit Jahren suchte, stiegen sie auch mit ein. Sie fanden es dann so gut, dass sie es sogar in die Sendung reinschnitten. Ah, das ist der Stoff, aus dem Lieblingslieder gemacht sind!

Heute ist es nicht mehr sonderlich schwer, an irgendwelche Lieder ranzukommen. Gute Songs zu finden, ist immer noch schwer, jetzt aber eher, weil das Angebot so groß ist. Ich versuche, Strategien zu entwickeln, mit denen ich auf Spotify Sachen entdecke, die ich noch nicht kannte. Ein paar Glückstreffer sind mir dabei schon gelungen. Eine italienische Fusion-Band, die Coldplay covert, zum Beispiel. Oder ein amerikanisches Singer/Songwriter-Duo, das ausnahmsweise nicht klingt, als würde es gleich einschlafen. Das Coole ist aber, dass ich durch so einen Streaming-Dienst, der einen Katalog von was weiß ich wie vielen Millionen Liedern hat, endlich wirklich zu dem Gefühl komme, das ich schon bei Napster gehabt zu haben glaubte: Jemand hat mich im Plattenladen eingeschlossen. Wer auch immer das war: Bitte schmeiß den Schlüssel weg!

Musik zum Text:

»Rockafeller Skank« aus *You've Come A Long Way, Baby* – Fatboy Slim
»Layla« aus *Layla And Other Assorted Love Songs* – Derek & The Dominos
»A Girl Like You« aus *Gorgeous George* – Edwyn Collins

»The Scientist« aus *Chi ha fottuto Donald Duck?* –
Donald Duck Trio
»Can't Put A Price On Love« aus *This Is How We Met* –
August York

Wie Kurt den Fan in mir erschossen hat

Es ist schwer zu sagen, wovon ich als Kind und früher Jugendlicher so richtig Fan war. Ja, Michael Jackson war groß, und danach kamen die Ärzte, aber sonst? War da nicht viel.

Und genau in dieses Vakuum stieß natürlich Kurt Cobain. Nirvana war eine Band, von der man sich plötzlich wieder verstanden fühlte. Anders als zum Beispiel Pantera, deren *Vulgar Display Of Power* brachialste und reinste Energie war, nur leider so stark, dass es die Bandmitglieder auffraß, absorbierte, so zumindest die Außenwahrnehmung. Nirvana war auch Energie, aber auf einem anderen Level. Persönlicher. Kurt Cobain war ein Posterboy und der depressive beste Freund, den man sich als Jugendlicher wünschte, in einer Zeit, in der einem die New Kids On The Block mit ihrer geleckten Gummibärchen-Schlüpferstürmer-Welt als das Maß aller Dinge in puncto Jugendkultur verkauft wurden. Nirvana wirkten echt, wie Popstars aus Versehen. Fehl am Platz in dem ganzen Zirkus. Und fehl am Platz fühlen sich auch geschätzte 97 % aller Jugendlichen in der Pubertät. Endlich hatte man Rolemodels, die keine sein wollten und deswegen welche wurden. Echter ging's nicht. Ein Gegenentwurf zur hochglanzpolierten Haarspray-Rock-Welt von Guns 'N Roses. Und das alles nur mit vier Akkorden. Vermutlich hätte Axl Rose sich damals gern mit seinem Bandana erhängt. Die Band, die vorher noch als hart und *real* galt, wirkte von heute auf morgen wie ein totaler Anachronismus, träge und verpennt. Aus dem Schwiegermutterschreck wurde der Lieblingsact von Bankangestellten. Während wir Kids einem strubbelhaarigen Junkie zujubelten, der in tief hängenden Strickjacken rumlief, einem wild gewordenen Drummer und einem basketballspielergroßen Bassisten, der sein Instrument immer irgendwo auf Kniehöhe baumeln hatte. Pop war eigentlich immer dann am stärksten, wenn er dabei half, sich abzugrenzen. Nichts killt mehr als Konsens.

Und Cobain war so wenig Konsens, dass er schon wieder dazu wurde. Er trat im Kleid auf, ließ sich im Rollstuhl auf die Bühne schieben, prügelte sich mit Securitys, die keine Stagediver mehr auf die Bühne lassen wollten. Alles unberechenbar, aber ebenso bewundernswert. Supercoole Antiness. Vor allem merkte man, dass die wenigsten dieser Aktionen groß geplante Business-Moves waren. Diese Authentizität verband einen total mit der Band und ihrem Frontmann. Aber wo viel Licht ist, ist auch viel Schatten.

Nirvana waren auf großer Europa-Tournee. Sie spielten auch ein paar Konzerte in Deutschland. Ich war gerade junger Moderator bei VIVA, und die Redakteure versprachen mir, alles dafür zu tun, dass ich Cobain beim Konzert in München interviewen könnte. Ich würde ihn treffen! Cobain!

Nun, es kam alles anders. Vor seinem Konzert in München nahm sich Kurt Cobain zusammen mit seiner Freundin Courtney Love eine kleine Auszeit in Rom. Und landete dort prompt mit einer Überdosis Heroin im Krankenhaus. München abgesagt. Tour abgesagt. Cobain in die Reha. Jetzt wurde ich zum ersten Mal sauer. Allerdings nicht auf Cobain, sondern auf seine Scheiß-Sucht. Hätte ich zuvor auch nur das geringste Interesse an Heroin gehabt, so wäre es nun für immer und ewig erloschen gewesen. Dieses dumme Kackzeug, das die Kreativen daran hindert, kreativ zu sein. Was für ein Dreck. Ich war wirklich unfassbar wütend. Und dann ging alles ganz schnell: Nach dem Tournee-Abbruch ging's für Cobain zurück nach Amerika, ab in den Entzug, und dort ist er dann nach einem Monat abgehauen.

8. April 1994. Freitagnachmittag in der Redaktion. Ich sitze, wie eigentlich immer, bei den Autoren im Zimmer. Die Redaktion leerte sich freitags immer ziemlich schnell. Das Wochenende rief. Nur die Autoren mussten immer etwas länger bleiben, weil ja auch am Wochenende aufgezeichnet wurde. Ich saß da mit meinem Lieblingsautor Markus, mit dem ich immer selbst aufgenommene Tapes austauschte, um den musikalischen Horizont des anderen auszuloten beziehungsweise zu erweitern. Und um dazu auf dem Computer für die freien Autoren Solitaire zu spielen.

Plötzlich stand unser Programmdirektor im Büro. Kreidebleich.

»Habt ihr gehört? Kurt Cobain ist tot!«

Nun waren schon zu jener Zeit Todesgerüchte um Popstars keine Seltenheit. Wir brauchten also eine Bestätigung für diese vage Meldung. Das Internet gab es zu der Zeit zwar schon, aber es war relativ langsam, die Informationen, die man dort finden konnte, waren relativ spärlich und überhaupt: An wen sollte man sich wenden? In der deutschen Plattenfirma war niemand mehr, alle schon im Wochenende. Der Programmdirektor hatte sich auch schon verabschiedet, abgesehen vom Rezeptionisten vorne waren Markus und ich als Einzige noch im Haus. Wir telefonierten und versuchten irgendwelche Nummern herauszubekommen. Die Polizei in Seattle. Die wusste aber nichts oder wollte uns nichts sagen. Verständlich. Wir machten weiter, versuchten bei irgendwelchen Tageszeitungen, deren Nummern wir aus dem Netz hatten, jemanden zu erreichen, der uns was sagen konnte. Nach stundenlangem sinnlosem Hin- und Hertelefonieren bekamen wir irgendwann die Antwort, von der wir gehofft hatten, sie nicht zu bekommen: Ja, Cobain ist tot. Selbstmord. Pumpgun. Bam.

Wir gingen hinüber in die Sendezentrale, um noch schnell einen sogenannten »Crawl« ins Bild zu setzen: Ein Laufband im laufenden Programm, das die Meldung verbreitet, abgesegnet vom Programmdirektor. Und dann: warten im Foyer. Auf das Taxi. Unser Rezeptionist war auch dabei, er hatte gefragt, ob wir ihn mit in die Stadt nehmen könnten. Markus und ich waren geknickt. Markus wohl eher, weil er empathisch den Tod eines weiteren begnadeten Rockstars bedauerte. Ich, weil ich mit einem Schlag ein Idol, einen Helden verloren hatte. Nein, eigentlich war für mich auf einen Schlag die ganze Essenz des Großwerdens verloren gegangen. Von Nirvana war ich Fan, Cobain war ein Style-Vorbild. Und die Musik erst. *Nevermind* und *In Utero* hatten mich begleitet, mich großgezogen, mich auch abgenabelt. Mich durch Küsse und Zurückweisungen geleitet. Und mich immer verstanden. Ich hatte sogar ein rosafarbenes Bootleg, in das ich mal auf einem Flohmarkt mein ganzes Taschengeld investiert hatte. Darauf waren alte Nirvana-Demos und ein paar Liveaufnahmen. Grottige Qualität, aber egal. Mehr Nirvana!

Und das war jetzt für immer vorbei. Ich fühlte mich verlassen. Oder betrogen. Keine Ahnung. Irgendwas in der Richtung. Ich war in einem Vakuum. Der Typ, der mein Idol gewesen war, hatte es bevorzugt, sich den Kopf wegzuballern und nicht mehr für mich da zu sein (man ist sehr egoistisch in solchen Momenten). Ich spürte Verbitterung in mir aufsteigen. Ich war wütend, sehr wütend. Aber noch mehr war ich traurig, unendlich traurig über den Verlust.

Wir standen herum und schwiegen. Die mit Frust aufgeladene Stille nicht aushaltend, versuchte der Rezeptionist die Stimmung aufzubessern und sagte, nach Bestätigung heischend: »Na ja, ich fand Pearl Jam sowieso immer viel besser.«

Klar war: Von diesem Typen musste ich so schnell wie möglich weg. Bevor ich mich vergaß. Ich ließ ihn einfach stehen, verabschiedete mich von Markus und fuhr allein mit dem Taxi nach Hause. Meine Mutter sah gleich, dass etwas nicht stimmte, und fragte mich, was denn los sei. Und da brach ich dann in Tränen aus und erzählte ihr alles. Meine Mutter, die Nirvana kannte und respektierte (und wohl auch ein bisschen mochte), nahm mich in den Arm und tröstete ihren 17-jährigen Jungen, dem gerade die Jugend zerstört worden war. Ich ging nach oben in mein Zimmer und versuchte verzweifelt, zwei meiner besten Freundinnen zu erreichen, von denen ich wusste, dass sie ebenso schockiert wären wie ich und trotzdem die richtigen Worte fänden, um mich zu beruhigen. Ich erreichte beide nicht. Zum ersten Mal im Leben fühlte ich mich wirklich einsam und im Stich gelassen. Die Tränen flossen jetzt in Strömen.

Dann klingelte das Telefon. Heike war dran, die Freundin, die ich zuerst angerufen hatte. Sie konnte gar nicht fassen, was ich ihr da erzählte, reagierte aber etwas gefasster als ich und tröstete mich, so gut sie konnte. Ich erzählte ihr, dass ich vorhatte, am nächsten Tag zur Redaktion zu fahren und die Moderationen für eine Sondersendung zu schreiben. Sie sprach mir Mut zu. Nach einem langen Gespräch legte ich schon deutlich beruhigter auf. Dann klingelte das Telefon wieder, und meine andere Superfreundin Iwie war dran. Auch hier: totaler Schock und absolut Verständnis für mich. Ich war nicht mehr allein. War es eigentlich nie gewesen. Diese Erkenntnis war wohl das Positivste, was ich von Cobains Tod mitnehmen konnte.

Am Samstagvormittag fuhr ich in die Redaktion und ließ mir das Autorenbüro aufschließen. Ich setzte mich an den Rechner für die Freien, aber Solitaire blieb geschlossen. Stattdessen recherchierte ich Bandgeschichte, Wegbegleiter, Interview-Aussagen. Und schrieb eine Sondersendung. Ich timete die ganze Sendung, suchte die passenden Videos raus, stellte alles zusammen. Das hatte ich noch nie gemacht. Aber jetzt tat ich es mit absoluter Akribie. Am nächsten Tag war ich im Studio disponiert, da würde ich das dann aufzeichnen können. Markus kam später dazu und fand alles gut, was ich da machte.

Sonntagmittag: Ich hatte normale Aufzeichnung. Im Studio war ich bekannt dafür, immer am schnellsten von allen fertig zu sein, vor allem, weil mir Teleprompter-Moderationen so lagen. Das waren fast immer First Takes. So auch diesmal: Ich war gute 90 Minuten schneller als disponiert. Das ganze Studio-Team freute sich auf eine verlängerte Mittagspause. Da sprach ich sie alle an. Ich wüsste, dass sie jetzt Pause machen wollten, aber Cobain sei tot, und das sei für mich total schlimm, deswegen hätte ich noch diese Moderationen geschrieben, die ich schnell aufzeichnen wollte, obwohl sie nicht auf der Dispo stünden, einfach für mich und um schnell drauf reagieren zu können (hahaha, damals waren drei Tage tatsächlich noch »schnell reagieren«!). Ich war das Küken und hatte schon so oft für frühen Feierabend gesorgt: Keiner konnte mir diesen Wunsch abschlagen. Und so nahm ich diese sechs oder sieben Moderationen auf, in denen ich versuchte, einerseits so musikjournalistisch wie möglich, andererseits aber auch ganz persönlich Abschied zu nehmen. Ich spielte Nirvana und viele Wegbegleiter wie Hole, The Breeders oder Soundgarden. Ich verarbeitete alles, so gut es ging. Als diese Moderationen im Kasten waren, war ich saufroh, und mir fiel ein schwerer Stein vom Herzen. Ich hatte es wirklich geschafft. Hatte mich verabschiedet von meinem größten Star. Ganz öffentlich, ganz nachvollziehbar für jeden, der jemals Fan von irgendetwas gewesen war. Ich fühlte mich erschöpft, aber zufrieden. Genau das war es gewesen, was ich gewollt hatte.

Ihm noch einmal die letzte Ehre erweisen und das vor so vielen Leuten wie möglich. Ich freute mich, dass die Sondersendung am Montag im Programm sein würde. Wir hatten schnell reagiert, ich hatte mir unheimlich viel Mühe gegeben. Tschö, Kurt.

Montag. Markus kommt aus dem Büro des Programmdirektors, dem er die Moderationen gezeigt hatte.

»Nilz, er hat beschlossen, die Sendung nicht zu zeigen. Er meint, deine Moderationen wären zu salbadernd. Falls du nicht weißt, was das bedeutet: Es heißt zu seicht, zu ungenau, zu schlicht, zu sehr daherredend.«

Na bravo. Nun hatte Cobain also auch nach seinem Tod noch dafür gesorgt, dass mir ein weiterer Dolch in den Rücken gestochen wurde. Ich war wirklich entsetzt. Ich hätte ja auch noch neue Moderationen schreiben oder von jemand anderem schreiben lassen können, aber nein, das Nirvana-Special ließ man lieber noch mal ein paar Tage warten, und das moderierten dann Phil und der Krieger, die *WahWah*-Moderatoren und damit Alternative-Kompetenzen im Sender. Ich saß in der Maske und beobachtete deren Aufzeichnung. Ich liebte die Jungs wirklich, aber hier ging es um etwas anderes. Die brannten nicht so für die Band, für die beiden war das Ende von Nirvana nicht so schlimm wie für mich. Aber ich durfte nichts dazu sagen, nicht *on air*. Die ganze Redaktion verstand mich und war auf meiner Seite, denn ich war ja der kleine Nirvana-Fan. Aber es half alles nichts. Der Programmdirektor zweifelte meine Nirvana-Kompetenz an, und damit war die Sache gegessen.

Mein Nirvana-Shirt zog ich fast zwei Wochen lang bei allen Moderationen an. Manchmal unter einem Hemd oder einer Jacke, aber es blitzte immer wieder auf. Das musste sein, um noch mal meinen Standpunkt deutlich zu machen.

Dann beschloss die Plattenfirma, zum Weihnachtsgeschäft die Unplugged-Sessions als Platte zu veröffentlichen, und ich bekam das kalte Kotzen. Leichenfledderei und ein »Abschluss«, der Nirvana nicht mal im Ansatz gerecht wurde, nur um dem schockierten Charts-Publikum eine Version der Band anbieten zu können, die sie sich auch kaufen und unter den Tannenbaum legen konnten, das fand ich ganz schlimm und doof. Nirvana sollten nicht als krächzende Akustik-Band in Erinnerung bleiben, sondern als lautes, echtes, großes Wutding! Nicht als Feelgood-Teaser, sondern als Schlag in die Fresse des Charts-Zirkus. Oder hatte ich die einfach die ganze Zeit falsch verstanden?

Kurt hätte sich sicher lustig gemacht über den Unplugged-Rummel. Wäre irgendwo hingegangen, um seine Akustikgitarre zu zerschlagen. Hätte die Wut zurückgebracht. Oder sagen wir es so: Mein Kurt hätte das gemacht. Der hätte sich aber auch nicht erschossen.

Immerhin: Drei Alben für die Ewigkeit bleiben. Das ist mehr, als die meisten hinbekommen haben.

Ohne sich umzubringen.

Musik zum Text:

»Come As You Are« aus *Nevermind* – Nirvana
»Walk« aus *Vulgar Display Of Power* – Pantera
»Miss World« aus *Live Through This* – Hole
»Divine Hammer« aus *Last Splash* – The Breeders
»Rusty Cage« aus *Badmotorfinger* – Soundgarden

Die zehn besten Ärzte-Songs aller Zeiten

Hey, ich bin 1976 geboren, ich hab die Ärzte-Sozialisation volle Breitseite abbekommen. Ich darf das!

Platz 10

»Zum letzten Mal«

Ach, (nicht immer) süße Teenagerzeit, wo die Zurückweisung eines Mädchens noch einen kompletten Weltuntergang bedeutet. In nur wenigen Songtexten so treffend wie hier beschrieben: Ein Mädchen macht sich über einen Jungen lustig, indem sie große Hoffnungen in ihm weckt, sogar mit ihm knutscht, aber sofort danach lachend Schluss macht. Aua, das tut so einem kleinen Herzen doch ganz schrecklich weh, vor allem, wenn es der jahrelange Schwarm ist, der so was mit einem macht. Deswegen sinnt der Junge auch auf Rache. Und ab jetzt wird es etwas schwammig in dem Lied. Der Junge klaut irgendeinen Gegenstand aus einem Schaufenster. Man meint zwischendurch Kettensägengeräusche zu hören. Sie hört ein Geräusch, dann sieht sie ihn. Und dann setzt immer die Refrainzeile »Zum letzten Mal« ein. Außerdem küsst er sie noch einmal, und »diesmal lachte sie nicht …«. Was also ist passiert? Hat er sie zersägt? Bedroht? Sich umgebracht vor ihrem Haus? Als junger Ärzte-Hörer war tatsächlich die letzte Variante meine Kopfkinogeschichte: Er steht vor ihrem Haus, mit einer Kettensäge. Er ruft sie. Sie blickt aus dem Fenster und sieht ihn, wie er sich etwas antut. Sie stürmt runter und will ihn aufhalten, aber es ist zu spät. Er blutet stark, vermutlich wird er es nicht überleben. Weinend hält sie seinen Kopf in ihrem Schoß. Sie sieht, was sie angerichtet hat. Er lächelt. Sie küsst ihn noch einmal.

Kann aber natürlich auch alles ganz anders gemeint sein.

Platz 9

»Madonnas Dickdarm«

Beim Hören dieses Liedes wurde ich das erste Mal in meinem Leben überhaupt mit dem Begriff »Dickdarm« konfrontiert. Fand ich aber gleich lustig. »Und ich würde nur verspeisen, was sie schon gegessen hat« war auch eine Superzeile. »Ich möchte mal ein Model treffen, was sich in mich verliebt« war eigentlich unser aller Traum. »Und wenn es einmal so weit ist, will ich auf meinem Skateboard sterben« hat uns ebenfalls aus der Seele gesprochen, auch wenn wir nicht geskatet sind. Da ging es eher um eine Art Lebensgefühl. Dass der Rest des Textes Füllquatsch ist, inklusive vier Zeilen aus Schillers »Glocke«, war einem beim Hören sofort klar. Aber das hat den Refrain nur noch mehr unterstrichen: »Und das ist, das ist, das ist alles, was ich will!«

Platz 8

»Blumen«

Belas Vegetarier-Hymne (als Ergänzung zu seiner früheren Indie-Art-Vegetarier-Hymne »Die Einsamkeit des Würstchens«) kam zu einer Zeit daher, als man Vegetarier noch für strickpullovertragende Martins hielt. Und dabei auch noch so herrlich unbelehrend, denn er schreibt niemandem etwas vor, sondern sagt nur, was er macht. »Lieber Akazien statt 'nen dicken, fetten Schinken«, das ist eine Parole, mit der ich etwas anfangen kann. Und von so einem angenehmen Pragmatismus ist der komplette Song beseelt. Ich grölte das laut vor der Stereoanlage mit. Auch den Sprechpart: »Weißt du eigentlich, wie dankbar Hühneraugen blicken können?« Fleisch esse ich allerdings immer noch. Das einzig Beruhigende daran: Ich glaub, Bela auch …

Platz 7

»Anneliese Schmidt«

Was ist denn da los? In diesem ganz frühen Ärzte-Song fungiert ein prototypischer Frauenname als einziger Inhalt im Refrain und in den Strophen wird eine seltsam belanglose Geschichte über ein blumenpflückendes Mädchen erzählt. Das der Erzähler des Lieds am Ende aufisst. Glaube ich. So richtig gecheckt habe ich den Song noch nie. Dazu machen die Instrumente alle mehr oder weniger, was sie wollen. Der Bass geht im gesamten Notenspektrum spazieren, die Gitarre versucht den Song notdürftig zusammenzuhalten, und die Drums scheinen die meiste Zeit einen Schlag hinterherzuhinken und holen dann immer so hektisch auf, als wären sie plötzlich aufgewacht. Hier haben die Ärzte schon einen großen Teil dessen vorweggenommen, für was sie bis heute geliebt werden: totale Gaganess, sich für nix zu fein sein und vor allem keinen Gag von vornherein für zu doof halten. Nicht überlegen, einfach machen. Scheiße finden kann man erst, was man gemacht hat. Und dann ist es meistens noch nicht mal scheiße.

Platz 6

»Piercing«

Die lustigste Geschichte, die die Ärzte jemals in einem Song erzählt haben, garniert mit den wunderbaren Zeilen über das männliche Geschlecht: »Du hast 'nen Gott zwischen deinen Beinen / Leg ihm bitte keine Ketten an [...]. *This thing was made for lovin'* / Du sollst es nicht versklaven.« Außerdem ist dies der erste Song aus der Post-Split-Phase in dieser Liste, also der erste, an dem Rod mitgewirkt hat. Ich glaube, der ist sogar komplett von Rod. Die Ärzte sind ja nach ihrer Reunion musikalisch durchaus härter geworden. Aus dem verspielten Punkpop vergangener Tage wurde richtiger, handfester Punkrock. Umso lustiger die Lieder, die dann was ganz anderes sind. So wie dieser hier. Ich weiß gar nicht, was das für eine Musikrichtung sein soll. Ambient-Earth-Ethno-World-Pop vielleicht. Genau die richtige Musik eben, um über schmerzhafte Penis-Experimente zu sprechen.

Platz 5
»Der Optimist«
Das ist ein schönes Lied. Es ist vermutlich auch das schönste Lied, das Bela jemals gesungen hat. Einfach, weil es so unglaublich schön ist. Über und über schön, einfach nur schön. So schön, dass es schon wieder schön ist. Mit so schönen Reimen wie »Und nur wegen etwas Schmiergeld / Schreit schon wieder die ganze Welt«, das ist doch schön! Jedes Lied, das schöner ist als dieses, ist geschminkt. Weil schöner geht gar nicht. Mit so einer schönen Gitarre und einem schönen Schlagzeug und natürlich einem schönen Bass. Und einer schönen kleinen Orgel in dem schönen Refrain (»Das ist schön, das ist schön, das ist schön, das ist schön …« usw.). Superschön. Ich würde mir wünschen, mehr solch schöne Lieder zu hören. Das wär doch schön!

Platz 4
»Ein Lied für dich«
Ein Lied für Fans und Hater gleichermaßen. Eigentlich ein ziemlich klassischer Album-Opener, aber der hier hat mich immer ganz besonders berührt, ich weiß auch nicht genau, wieso. In dem Lied bedanken sich die Ärzte bei ihren Fans, aber auch bei ihren Kritikern. Ich fand diese direkte Ansprache gut, ich mochte das, wie die auch aus den Hatern noch was Gutes rausholten (»Mit dir können unsere Fans sich nach Herzenslust zanken / Und dafür wolln wir uns bedanken«). Das würde die, wenn sie es denn hörten, vermutlich am meisten wurmen. Ich mag das

zweistimmige Kiss-Gitarrensolo und das Outro mit einer der besten Ärzte-Textzeilen aller Zeiten: »Danke sehr, danke schön / Morgen kauf ich mir 'nen goldenen Föhn.« Ich bin vielleicht absolut bescheuert und beknackt, aber über diesen Reim muss ich jedes Mal lachen. Ich finde das unglaublich komisch.

Der Song ist *straighter* Nach-vorn-Punkrock und gibt die Marschrichtung für das Album vor. Das war auch das erste Album, das sie auf ihrem eigenen Label veröffentlicht haben. Damit haben sie sich irgendwie freigespielt. Und das merkt man dem Lied an.

Platz 3
»Mein kleiner Liebling«
Humor ist, wenn man trotzdem lacht. Nee, Moment. Das war anders. Lache, und die Welt lacht mit dir. Nee, auch nicht. Ein Tag ohne ein Lachen … Nein, das meinte ich auch nicht. Wie man es auch dreht und wendet, zu einem gelungenen Witz gehören immer zwei: einer, der den guten Gag macht, und ein anderer, der lacht. Im Drama dieses Songs haut beides nicht hin: Die »Witze«, die der Protagonist macht, sind nicht witzig, sondern nur schadenfroh und ein bisschen sehr *over the top* (»Das Telegramm vom Tod deiner Mutter / Ist vielleicht ein Grund, mich zu hassen«), dafür hat er dann aber auch eine Freundin, die über nichts davon lachen kann. Also vermutlich die traurigste Beziehung, die man sich vorstellen kann. Vor allem, wenn man hört, wie Bela das singt, mit all seiner Verzweiflung und Liebe. Man hat das Gefühl, der Typ, der das singt, weiß wirklich nicht, was er da tut. Und das tut einem ja dann schon wieder irgendwie leid. Wahrscheinlich würde er einem aber ins Gesicht furzen, wenn man ihn trösten wollte. Das Instrumental ist toller, früher Ärzte-Indie-Rock. Auf der zweiten EP war damit schon die ganze Grandezza der Band abzusehen. Herrlich.

Platz 2

»Zu spät«

Mit Sicherheit hat mir nie ein Lied mehr aus dem Teenagerherz gesprochen als dieses.

All die Mädchen, die mich nicht haben wollten.
All die Mädchen, die mich zurückgewiesen haben.
All die Mädchen, die mich uncool fanden.
All die Mädchen, die nur probeweise mit mir gegangen sind.
All die Mädchen, die unerreichbar waren.
All diesen Mädchen habe ich dieses Lied vorgesungen.

Gut, keine von ihnen war dabei anwesend, aber hat das jemals eine Rolle gespielt? Ich lag vor meiner Stereoanlage und dachte an sie, wie sie sich ärgern würden, weil sie sich für den Fußballer entschieden hatten. Oder für den Typen, der sich andauernd prügelt. Oder für den Austauschschüler aus der Bretagne. Aber nie für mich. Und dann würden sie mich in der Bravo sehen und vor Wut das Heft zerreißen und an die Wand werfen. Und gleich ein neues kaufen. Und dicke, salzige Tränen würden aus ihren Augen laufen und auf das Heft tropfen und das Bild von meinem Gesicht aufweichen, und sie müssten direkt loslaufen und noch ein neues kaufen. Hach, das war die allerbeste Vorstellung, die man als Teenager haben konnte. Wirklich. Nichts hat mich mehr getröstet als diese Fantasie. Schon allein für diesen Song muss man den Ärzten auf ewig dankbar sein. Vielleicht können die den selbst schon nicht mehr hören, aber dieser Superhit ist so unglaublich unkaputtbar. Wenn ich das heute auflege, singen die Leute immer noch lautstark und glücklich mit. Und wenn ich den betrunkenen Typen dann in die glasigen Augen sehe, weiß ich, ich bin mit dieser Jugenderinnerung nicht allein. Wir sind viele. Vielleicht sollte man als Anlehnung an

300 den Schlachtruf »WIR! SIND! SPÄRTI!« etablieren. Hmm. Oder vielleicht auch nicht. Einfaches Mitsingen reicht da dann doch wohl.

Platz 1
»Ich bin reich!«
Ich hab die Ärzte ja mit ihrem Dreier-Live-Abschieds-Album *Nach uns die Sintflut* für mich entdeckt. Das hatte erst mein bester Freund Waldi, und dann hab ich so lange gebettelt, bis ich es auch bekam. Die Platte habe ich wirklich rauf und runter gehört, mir die Credits unzählige Male durchgelesen und mir die eingeritzten Autogramme auf der B-Seite der beiliegenden Single von »Geschwisterliebe« (wegen einer Indizierung wurde der Song hier »Der Ritt auf dem Schmetterling« genannt und nur vom Publikum gesungen …) genau angeguckt. Ich konnte die komplette Platte mitsprechen, sogar den Teil, der »Sprüche« hieß und nur zusammengeschnittene Ansagen enthielt. Aber, und das war eben das große Problem: Hier war die Geschichte dieser Band vorbei. Die Ärzte hatten sich aufgelöst und würden niemals wieder zusammenkommen (wir ahnten ja nichts). Ich war also mit der letzten Platte eingestiegen und würde mich nun langsam zurückarbeiten müssen. Waldi hatte sich schon das letzte Studio-Album *Das ist nicht die ganze Wahrheit* besorgt, mit so Gassenhauern wie »Ohne dich« oder »Elke« drauf. Und dann langsam das Interesse verloren. Ich aber suchte weiter. Und tatsächlich: Bei uns an der Schule gab es diesen einen Typen, der war so ein bisschen wavig angehaucht, und der hatte angeblich alle Ärzte-Alben. Also habe ich mich mit ihm ein wenig angefreundet und gefragt, ob er mir mal welche leihen könnte. Er wollte stattdessen, dass ich ihm eine Leerkassette gebe, er würde mir dann die beiden besten aufnehmen. So kam ich in den Genuss der Alben *Die Ärzte* und *Debil*. *Debil* wartete mit einer tol-

len Maxi-Version von »Zu spät« auf, aber das selbstbetitelte Album, das war irgendwie seltsam. Also gut seltsam. Aber einfach unglaublich poppig. Und dann war da auch noch ein »Jenseits von Eden«-Cover drauf. Da habe ich vermutlich erstmals richtig das Prinzip »Ironie« kapiert. Aber all diese Lieder konnten nicht vom eigentlichen Album-Hit ablenken: eine Art Märchen, eine Fantasie, wie sie jeder schon hatte, der einmal neidisch Dagobert Duck beim Abtauchen ins Talermeer zugeguckt hat. Und als wäre das nicht bekloppt genug, versteigt sich der Song dann zu totaler Gaganess. Schön, reich, klug, blauäugig, bärenstark, sexy, Hulk, Adonis, Professor, Dracula, Casanova, grün, rot, Freischwimmer*, Jesus. All das und noch vieles mehr ist der Sänger dieses Lieds, wenn man ihm Glauben schenken darf. Dazu ist das Instrumental ganz schlimm poppig, mit Streichern und Saxofon. Und dennoch so charmant, dass man sich ihm nicht entziehen kann. Wie halt Pop so funktioniert. Als wenn jemand eine riesengroße Kaugummiblase aufgepustet hätte, und die platzt in dem Moment, als man danebensteht. Klebrig, zäh, geht schwer raus, aber wer hätte nicht so eine Blase gemacht, wenn er gekonnt hätte? Eben! Das Lied hat die Batterien meines Walkmans schwer beansprucht. Und die Nerven meiner Umwelt. Ich habe es gehört und zurückgespult und wieder gehört und wieder zurückgespult. Bis eines Tages das Tape riss. An Flicken war nicht mehr zu denken. Den Typen konnte ich auch nicht noch mal fragen. Und die Platte war indiziert (eben wegen

---

* Bis zum Lektorat dieses Buches hatte ich 23 Jahre lang gedacht, Farin sänge an der Stelle »Ich bin fleischbemalt« statt »Ich bin Freischwimmer«. Das wäre auch durchaus sinnvoll gewesen, denn kurz vorher singt er: »Ich bin grün und rot!«, dann könnte ja »fleischbemalt« als weitere, realistischere Farbe ins Spiel bringen, aber nein, er muss unbedingt mitteilen, »Freischwimmer« zu sein. Freischwimmer! Fleischbemalter Freischwimmer!

»Geschwisterliebe«), da war also nicht mehr dranzukommen. Jahrelang musste ich ohne »Ich bin reich« leben. Bis dann eines Tages, die Ärzte waren längst wiedervereinigt, die alte Plattenfirma noch mal ein »Best of« vergangener Jahre veröffentlichte. Und da war neben den genialen Maxi-Versionen von »Radio brennt« und »Westerland« auch mein kleines, süßes, feines »Ich bin reich« drauf. Und noch mal würde mir dieser Song nicht entkommen, so viel stand fest!

Musik zum Text:

»Zum letzten Mal« aus *Die Ärzte* – Die Ärzte

»Madonnas Dickdarm« aus *Nach uns die Sintflut* – Die Ärzte

»Blumen« aus *Das ist nicht die ganze Wahrheit* – Die Ärzte

»Die Einsamkeit des Würstchens« aus *Die Ärzte früher!* – Die Ärzte

»Anneliese Schmidt« aus *Die Ärzte Früher!* – Die Ärzte

»Piercing« aus *Geräusch* – Die Ärzte

»Der Optimist« aus *Runter mit den Spendierhosen, Unsichtbarer!* – Die Ärzte

»Ein Lied für dich« aus *13* – Die Ärzte

»God Gave Rock And Roll To You II« aus *Revenge* – Kiss

»Mein kleiner Liebling« aus *Die Ärzte früher!* – Die Ärzte

»Zu spät« aus *Debil* – Die Ärzte

»Ich bin reich!« aus *Die Ärzte* – Die Ärzte

Ich habe vor Jahren im *Guinness-Buch der Rekorde* eines Freundes (meine Mutter wollte das nie kaufen) einmal gelesen, dass das meistgecoverte Lied der Welt »Yesterday« von den Beatles sei. Das hat mich beeindruckt. Erst mal ist es ja sowieso toll, wenn ein Song der am meisten Gecoverte der Welt ist. Und dann ist es auch noch ein Beatles-Lied, was ich natürlich ganz grundsätzlich begrüße. Eigentlich sollten alle Beatles-Lieder immer überall gecovert werden. Eigentlich.

Denn ehrlicherweise ist »Yesterday« eines der obersupermegalangweiligsten Lieder der Beatles, vielleicht nur noch übertroffen von »Ob-La-Di, Ob-La-Da« und »When I'm 64«. Und so ergab eine Recherche, als ich die Mittel dazu hatte (Google, YouTube, Spotify): Ja, das mag vielleicht das meistgecoverte Lied der Welt sein, aber es ist auch das am langweiligsten gecoverte Lied aller Zeiten. Trotzdem lässt mich die Thematik nicht los. Ich liebe Coverversionen. Ganz oft gewinnen die einem Stück eine neue Seite ab, im besten Fall eine, die ich ihm so gar nicht zugetraut hätte. Nun wurden Cover zwar ein bisschen von Mashups abgelöst, aber die haben bei Weitem nicht die Halbwertszeit eines guten Covers. Ein Mashup höre ich ein Mal, finde es originell oder ganz lustig, und dann brauche ich es nicht mehr. Da geht es nur um die schnelle Idee, welche zwei Lieder man mal zu einem kombinieren könnte. Aber wer ein Lied covert, setzt sich damit auseinander, will es zu seinem eigenen Stück machen und im besten Fall noch darüber hinaus vermitteln, wie *deep* oder schlau oder versiert er ist, dass er sich ausgerechnet dieses Lied ausgesucht hat. Eine vielschichtige Angelegenheit also, dieses Covern.

Wir haben mit Fritten und Bier auch immer wieder Lieblingslieder gecovert, wenn wir auf Tour waren. Wir wurden sogar einmal für einen Benefiz-Sampler zugunsten des U-Comix-Verlags angefragt, der sich übertriebenen und ungerechten Repressalien durch die Behörden ausgesetzt sah. Dazu hatten wir den Plan, Biohazards »Business« zu covern und die großartige Hookline »*Music's for you and me, not the fuckin' industry*« aus dem Original durch »*Comics are for you and I, not the fuckin' Polizei*« zu ersetzen. Vermutlich ist es für alle Beteiligten das Beste, dass es nie dazu gekommen ist.

Mittlerweile ist es ein Sport von mir, Coverversionen einzelner Lieder zu recherchieren. Dabei ist ein deutlicher Pop-Appeal des Ausgangsstücks sehr hilfreich, denn je glatter das Lied, desto mehr Raum für ungewöhnliche Cover bietet es. Aber das zu covernde Lied muss auch ein Alleinstellungsmerkmal haben, sei es nun ein ungewöhnlicher Refrain oder eine schnell wiedererkennbare Melodie. Ich hab mal drei Lieder rausgesucht, zu denen ich über die Jahre immer mal wieder die vorhandenen Coverversionen gecheckt habe. Da wird es relativ wild:

»Wichita Lineman« – Glen Campbell
Auf Campbell bin ich eigentlich durch ein anderes Lied gekommen: »Rhinestone Cowboy«. Das spielt nämlich eine wichtige Rolle in meinem absoluten lieblingslustigen Buch mit dem Titel *Peacocks Manifest*. Der wirklich lustigste Roman der Welt über einen Typen, der der festen Überzeugung ist, die Idee zu einem perfekten Hit zu haben, aber keine Ahnung hat, wie man Musik macht. Längst vergriffen, lohnt sich aber im Antiquariat des Vertrauens zu besorgen. Das ist das einzige Buch, bei dessen Lektüre ich wirklich oft laut lachen musste. Daraufhin habe ich mir eine »Best of«-CD von Glen Campbell gekauft und irgendwo im Urlaub zum ersten Mal komplett gehört. Und da kam

dann der »Wichita Lineman«. Supersong. Leicht melancholisch. Wäre es nicht so ultrapathetisch, könnte es fast von Jim Croce sein, dachte ich. Tolles Lied über den Typen, der die Kabel von den amerikanischen Oberleitungen der Telefone checkt, tagein, tagaus. Und in der Einsamkeit denkt er an seine Liebe, er hört ihr zu, weil er sich in das Kabel zwischenklemmen kann. Er hört sie singen. Ist sie echt? Weiß sie von ihm? Oder ist er einfach unglaublich einsam und stellt sie sich nur vor, während er von Mast zu Mast fährt, um zu gucken, ob er irgendwo ein Kabel reparieren muss? Was für ein schönes, trauriges Lied.

Johnny Cash

Cashs »Lineman« stammt aus der Spätphase des Country-Chefs, als seine Stimme bereits nur noch eine brüchige Idee seiner früheren, festen Klagestimme war. Produzentenlegende Rick Rubin hatte die Idee, den alten Cash ein paar Lieder covern zu lassen und sie sich so zu eigen zu machen. Das hat mal besser, mal schlechter funktioniert. Am überzeugendsten für mich war dabei sein Soundgarden-Cover von »Rusty Cage«, *but that's just me*. Als der dritte Teil dieser sogenannten *American Recordings* rauskam, begann es mich ehrlich gesagt auch ein bisschen zu nerven. Das schien dann doch mehr das Melken einer, nun ja, »Cash Cow« zu sein als ein aufrichtiger Abschied von der Bühne. Aber in dem Stapel an zu covernden Songs wurde ihm eben auch Campbells »Lineman« untergejubelt. Campbell und Cash kannten sich wohl auch, es gibt auf YouTube sogar einige gemeinsame Auftritte zu sehen. Vielleicht nur eine professionelle Freundschaft, vielleicht mochte Cash aber auch deswegen gern etwas von Campbell covern. Als letzter Gruß. Schön wär's. Ansonsten fällt auf, dass das Lied so keinen rechten Spaß macht, Cash klingt schon viel zu alt und fertig, um den Text glaubhaft rüberzubringen. Das ergab einfach keinen Sinn. Es wäre ja auch komisch, wenn Gunter Gabriel Blümchen covern würde. Deswegen: Als Geste schön, aber dem Lied wird es nicht gerecht.

Sergio Mendes & Brasil '66
Aha! Da haben wir so einen Fall, wie ich ihn mir wünsche. Sergio Mendes, Grandseigneur des Easy Listening, nimmt sich des Songs an und setzt ihn auf seine Weise um: Gesungen wird er nun von einer Frau, die dann natürlich nicht mehr wie im Original *»I am a lineman for the county ...«* singt, sondern *»He is a lineman ...«*. Damit wäre das Problem schon mal gelöst, und man kann die verführerische, ganz leicht rauchige Stimme das Lied weitersingen lassen. Dazu kommen zum Beispiel im Refrain noch typisch brasilianische Rhythmus-Elemente, die den Song stärker machen, ihn auffrischen und ihm ein bisschen mehr Sex verleihen. Jetzt bewegt der sich auch ganz geschmeidig in den Hüften. Der Lineman ist immer noch traurig, klar, aber eine Frau singt über ihn, also scheint es eine zu geben, die ihn sieht. Damit hat er doch schon die halbe Miete drin! Mendes' Version macht Hoffnung, macht Mut. Und vor allem: total Spaß. *Funky* klimpert das Rhodes durch den Song. Ein Cover wie ein Gesichtslifting. Sehr straff, sehr jung. Toll! (Also, Gesichtsliftings sehen selten toll aus – würden sie auch nur annähernd so toll aussehen, wie dieses Cover im Vergleich zum Original ist, dann könnte man nur jedem dazu raten ...)

Sammy Davis Jr.
Yeah, das nenne ich mal *fly*! Sammy Davis Jr. kümmert sich einen Scheiß um die Original-Version und bringt den Funk zurück ins Spiel. Seine Version rollt *supersmooth* aus den Boxen, mit einem perfekt geschriebenen Bläsersatz und einer *funky* Orgel, die sich durch den ganzen Song schlängelt. Dazu *croont* er so selbstverständlich wie unaufgeregt, selbst wenn er laut wird.

Er gibt dem Lied nicht nur Soul, sondern Seele. Er macht den Song zur Leidenschaft, er gießt seine ganze Liebe in die Nummer, und obwohl es dieselbe Melodie und der gleiche Text sind, erinnert nichts mehr an das Original. Es ist sogar so, als ob es das Original nie gegeben hätte. Wenn man Sammys Version hört und kurz darauf die von Glen Campbell, fragt man sich unweigerlich: Wie langweilig hat Campbell denn dieses Stück gecovert? So natürlich und logisch wirkt das Cover von Sammy Davis Jr. Alles richtig gemacht.

Das Lied eignet sich außerdem offensichtlich sehr für Trompeten, denn es gibt unzählige Jazz-Cover, auf denen der Leadgesang von einer Trompete nachgespielt wird. Auch noch erwähnenswert wären Smokey Robinsons Version und die von Winston Reedy, der aus dem Lied einen Reggae-Song gemacht hat. Was zwar erstaunlich gut passt, aber in der Version nicht ganz perfekt umgesetzt ist. Kann man mal reinhören, muss man aber nicht. Schöner ist das Cover der Pearlfishers, einer Band um David Scott, den man von den BMX Bandits kennen könnte. Interessant auf jeden Fall, wie viele verschiedene Cover der Song »provoziert«. Funktioniert sogar genreübergreifend. Cool!

»Talkin' Bout A Revolution« – Tracy Chapman

Ich mag Tracy Chapman, und ich mag auch dieses Lied total gern. Das ist für mich eine Samstagnachmittagserinnerung. Da habe ich die nämlich zum ersten Mal gesehen, bei dem großen Mandela-Tribute-Konzert, 1988. Das wurde damals im Dritten live übertragen, und ich habe das zusammen mit meinen Geschwistern geguckt. Da wurde sie ja, allein mit ihrer Gitarre, als Pausenfüllerin eingesetzt und hat alle umgehauen. Ich weiß noch, wie wir vor dem Fernseher saßen und uns gewundert haben, genauso wie sich die Leute in dem Stadion gewundert haben. Wer ist das? Was macht die da? Ich war froh, wenn die ganzen Stars, die mich eh nicht interessierten, von der Bühne gingen und Tracy wieder rauskam. Dabei hat gerade dieses Lied natürlich eine Schlüsselfunktion. Da steckt eigentlich alles drin, wofür sie steht, wer sie ist und wie man sie zu verstehen hat. Finde ich. Ich würde gern mal wissen, ob sie das auch so sieht.

Irgendwann war ich alt genug, um allein nach Köln zu fahren, auszugehen, Bier in Kneipen zu trinken und mich dabei schon ein bisschen erwachsen zu fühlen. Wir sind damals immer auf die Kyffhäuserstraße gegangen. Eine kleine alternativ angehauchte Ausgehmeile war das. Es gab es einen Metal-Schuppen, einen Alternative-Club und eine Bar, die von den meisten eher links liegen gelassen wurde, die ich aber über alles liebte, weil sie cool und irgendwie indie war. Und ich überredete immer alle meine Freunde dazu, die Abende dort zu starten. Eines frühen Abends waren wir wieder einmal so ziemlich die einzigen Gäste. Irgendein Mixtape lief einfach durch. Und da hörte ich diese Melodie. Ein punkrockiges Cover von »Revolution«. Das als Punk zu covern, war ja auch total sinnig. Ich fragte sofort, wer das war, aber die Bedienung wusste es nicht, der Barkeeper wusste es nicht, und als ich Tage später im Plattenladen nachfragte, wusste es dort auch keiner. Seitdem suche ich dieses eine Cover. Ich habe es noch nicht gefunden, aber bei der Suche stößt man auf andere sehr interessante Versionen:

Living Colour

Ich hatte damals die *Time's Up* von Living Colour, eine Platte, die ich pausenlos hören konnte. Die war so schön abwechslungsreich. »Solace Of You«, »Love Rears Its Ugly Head« … eigentlich nur Hits drauf. Umso erfreuter war ich, als ich bei meiner Suche über ein »Revolution«-Cover von der Band um

Bandleader Vernon Reid stolperte. Leider existiert das nur als Live-Mitschnitt. Ich wünschte, sie hätten das auch mal im Studio aufgenommen. Reid variiert die Dynamik des Songs nämlich ganz interessant, das wäre in einer Studio-Version sicher noch deutlicher und interessanter geworden. Zwischendurch dreht die Gitarre voll auf, die Distortion brät über das Signal aus dem Verstärker, und Reid phrasiert den Text ganz seltsam. Vor allem super finde ich, dass das Schlagzeug eine Art Marsch-Rhythmus spielt. Das passt hervorragend. Als würden die Leute langsam aus den Häusern kommen und sich versammeln und losziehen, um wirklich die Revolution zu starten. Uah. Gänsehaut. Wie gesagt: An einer Studio-Version wäre sicher niemand vorbeigekommen. Schade. Aber auch so toll!

The Special Guests feat. Willie Ocean

Ich muss gestehen, bevor ich dieses Cover gehört habe, kannte ich die nicht. Aber es handelt sich wohl um eine mehr oder weniger alteingesessene Ska-Band aus Berlin, die sich 2009 aufgelöst hat. Dabei ist ihre Version des Chapman-Songs eigentlich kein Ska, sondern eher so Calypso, mit einem ganz wunderbaren, langsamen Intro, bei dem man schon fast denken könnte, es wäre von Beirut oder so. Langsame, schön wohlig-warm-weiche Trompeten, wundervoll und dabei angenehm eigen. Eine tolle Coverversion, der man vielleicht am ehesten ihr unausgereiftes Ende vorwerfen kann, die sonst aber alles richtig macht und die man unbedingt mal hören sollte, weil sie wirklich sehr speziell ist. Ich war ja nie ein großer Ska-Fan, aber gegen gute Musik kann ich einfach nichts tun. Da bin ich machtlos.

Triple Talk

Oh no! Eine Coverband! Ist das hier überhaupt erlaubt? Nun ja, da ich die Liste zusammenstelle, mache ich wohl auch die Regeln. Und dieses Cover muss sogar dringend mit auf die Liste, weil es nämlich das aus dem Lied macht, was ich mir die ganze Zeit als Cover erhofft hatte: so eine niedliche Nummer mit Ukulele/Mandoline und Gitarre und lieblichem Frauengesang. Die sehen auch ganz normal aus, sind sie bestimmt auch, aber macht ja nix. Die haben genau das Cover gemacht, das ich hören wollte, also Ehre, wem Ehre gebührt.

Aus dem Giftschrank
Zwei Coverversionen sollten noch dringend erwähnt werden: Der Dance-Act Gitana hielt es wohl für eine fantastische Idee, eine Eurodance-Nummer aus diesem Protestlied zu machen, und beweist damit mal wieder, wie schmerzfrei Dance-Produzenten sein können. Das ist so absurd, dass ich wirklich lachen musste, als ich es zum ersten Mal gehört hab. Aber es tut auch weh. Zwei Tage nach dem ersten Hören bekam ich schlimme Zahnschmerzen. Also Vorsicht!

Die andere Version ist von Plyers, einem Dancehall-Act, und das ist ein Cover aus einer anderen Dimension. Einer Dimension, in der es nur einen einzigen Ton zu geben scheint, denn auf diesem performt Plyers das Lied fast durchgehend. Gegen Ende wechselt er die Tonlage, und man meint, er hätte erst zu diesem Zeitpunkt herausgefunden, ob und wie das überhaupt geht. Könnte man ja auch vor der Aufnahme mal drüber nachdenken. Oder dann neu aufnehmen. Aber dann hätten wir Hörer nicht so einen Spaß. Wie man es dreht und wendet: Ihm und mir zuliebe möchte ich diese Version der Geschichte glauben und nicht, dass das alles genauso Absicht war. Dann würde ich nämlich verrückt werden, und Plyers müsste es schon sein. Aber so eine konsequente Bescheuertheit hat natürlich auch wieder ihren Reiz.

»Ooh Child« – The Five Stairsteps

Eine wunderschöne, superpositive Chicago-Soul-Nummer. Wenn man dieses Lied hört (»*Ooh child, things are gonna get easier …*«), glaubt man, alles erreichen zu können. Eigentlich ja eine uramerikanische Botschaft. Hier wirkt sie so aufbauend und motivierend – immer wenn ich das höre, möchte ich danach mindestens eine Brücke über einen Fluss bauen, an dem es noch keine gibt. Habe ich ein Glück, dass in meiner unmittelbaren Umgebung alle Flüsse und ihre beiden Ufer mehr oder weniger komplett erschlossen sind. Aber vermutlich genau wegen dieser Supermotivationspower ist dieses Lied so oft gecovert worden. Manchmal nur knapp an der Körperverletzung vorbei, aber wie sagt man doch über ein perfektes Lied: Es ist unzerstörbar.

The Edwin Hawkins Singers

Oh happy day! Gospel ist ja auch etwas Faszinierendes. Als ich noch regelmäßig zur Kirche ging, wünschte ich mir immer, dass der Gesang dort ein bisschen mehr wie Gospel wäre. Ekstatisch, mitreißend, fröhlich. Alles Eigenschaften, die man sich für Glauben und Gläubige wünschen würde, oder? Aber nein, statt-dessen heißt es: »Ein Schiff, das sich Gemeinde nennt, fährt durch das Meer der Zeit …«, in den traurigsten Moll-Harmo-nien seit der Erfindung der Tonleiter. Dargebracht mit staatstra-gender Miene und im Zeitlupentempo. Glaube in der deut-schen Kirche ist immer auch ganz viel Buße. In Kirchen aber, in denen Gospels gesungen werden, da geht es um etwas ganz an-deres! Da geht es darum, Gott zu feiern, als der supercoole Boss, der er sein soll. Und deswegen ist dort eine Messe ein Freuden-fest zu seinen Ehren.

Wie komme ich darauf? Nun, wer Gospel sagt, der muss auch »Oh Happy Day!« sagen. Und das wiederum wurde be-kannt durch die Edwin Hawkins Singers. Und mit der gleichen

Verve, mit der sie sich über den schönen Tag freuen, erklären sie dem Kind auch, dass eines Tages alles besser wird. Halleluja!

Bruce Ruffin

Wenn einen die Suche nach Coverversionen irgendetwas lehrt, dann das: Es gibt von jedem Song eine Reggae-Version. Bruce Ruffin ist schon ewig im Geschäft. Mitte der 60er als kleiner Backgroundsänger gestartet, hat er es in ein paar Jahren zum gefeierten Solo-Artist geschafft und ist heute Chef eines Reggae-Labels. *Respect.* Er machte aus »Ooh Child« die Reggae-Nummer, die in dem Song einfach drinsteckt. Uptempo, fröhlich, unbeschwert. Das passt hier bestens zusammen. Soul-Nummern sind ja immer reich, saftig, opulent. Die Reggae-Version kommt dagegen ganz reduziert, einfach und *straight* daher. Aber damit stellt sie die Message natürlich total in den Vordergrund. Und die ist stark genug, das Stück zu tragen. Einigen wir uns also auf »Na gut«.

Dee Dee Sharp

Dee Dee Sharp hat einen der traurigsten Wikipedia-Einträge, die ich jemals gelesen habe. Da steht, in einem eh schon sehr kurzen Beitrag: »Ihren größten Hit aber verpasste sie.« Wie traurig ist das denn? Also natürlich einmal die Tatsache an sich, aber auch, dass das dann genau so in der Wikipedia steht. Das muss man doch noch anders formulieren können. Vor allem empfehle ich, sich mal Sharps Version von »Ooh Child« anzuhören, da bleiben aber auch wirklich gar keine Fragen mehr offen: Aus diesem lebensbejahenden Uptempo-Song wurde ein richtiger Blues. Das Drumtempo ziemlich genau um die Hälfte reduziert, dümpelt der Song eher voran, als er mitzieht. Und löst sich dann in einem Finale auf, in dem Dee Dee noch einmal ihre ganze Bandbreite ausspielen kann. Ich mag das ja nicht so, wenn

Sängerinnen und Sänger ihr Können zur Schau stellen, aber hier fühlt es sich gar nicht so an. Sondern passt perfekt. Hammer, was in der Nummer alles drinsteckt. Was immer sie verpasst hat, ich bin jedenfalls froh, dass ich dieses Cover nicht verpasst habe.

Auch schön
Der australische Sweet Mona's Choir hat eine wirklich wundervolle A-cappella-Version der Mutmachnummer im Programm. Die HipHop-Version von Brand Nubian sollte natürlich ebenfalls nicht unerwähnt bleiben. Kurios ist das Cover von Mary Wilson. Die war früher ein Mitglied der Supremes, also dem Frauentrio, aus dem Diana Ross hervorging. Und dann covert die solo dieses Lied, aber irgendwann in den späten 80ern, sodass sich die Produktion anhört, wie von Stock, Aitken & Watermans Praktikanten arrangiert. Da stimmt gar nix. Leider. Das ist traurig für das Lied und für die Künstlerin gleichermaßen.

Und wem mal ganz langweilig ist, der möge einmal die Version von Dino raussuchen. Da ist dann alles zu spät. Aber nicht, dass es nachher heißt, ich hätte nicht gewarnt!

Dem Song kann das alles nichts anhaben. Der hat heute noch denselben *impact* wie damals, als er herauskam. Das ist doch das Tolle. Und wenn man so ein Lied covert, dann weil man ein Stück davon teilen will. Somit ist auch das schlechteste Cover etwas Besonderes. Denn da schüttet jemand sein Herz aus. Und so etwas ist immer besonders. Egal, ob es mir nun gefällt oder nicht.

Musik zum Text:

»Yesterday« aus *Help!* – The Beatles
»Europakonfliktsong« aus *Im Zeichen des Arm-Bein-Män* –
Fritten und Bier
»Business« aus *Urban Discipline* – Biohazard
»Wichita Lineman« aus *Wichita Lineman* – Glen Campbell
»Wichita Lineman« aus *Unearthed* – Johnny Cash
»Wichita Lineman« aus *Ye-Me-Le* – Sergio Mendes &
Brasil '66
»Wichita Lineman« aus *Something For Everyone* –
Sammy Davis Jr.
»Wichita Lineman« aus *Time Out For Smokey Robinson
& The Miracles* – Smokey Robinson & The Miracles
»Wichita Lineman« aus *Pop Hits Inna Reggae Vol. 4* –
Winston Reedy
»Wichita Lineman« aus *Even On A Sunday Afternoon* –
The Pearlfishers
»Rhinestone Cowboy« aus *Rhinestone Cowboy* –
Glen Campbell
»Rusty Cage« aus *Badmotorfinger* – Soundgarden
»Rusty Cage« aus *Unchained* – Johnny Cash

»Hey Boss (Ich brauch mehr Geld)« aus *Das ist meine Art* –
Gunter Gabriel
»Boomerang« aus *Herzfrequenz* – Blümchen

»Hello Again« aus *Getting Dirty* – BMX Bandits
»Talkin' Bout A Revolution« aus *Tracy Chapman* –
Tracy Chapman
»Talkin' Bout A Revolution« aus *What's Your Favorite Color?*
– Living Colour

»Talkin' Bout A Revolution« aus *Beetroot* – The Special Guests feat. Willie Ocean
»Talkin' Bout A Revolution« aus *Talk To You* – Triple Talk
»Talkin' Bout A Revolution« aus *Barbara* – Plyers
»Solace Of You« aus *Time's Up* – Living Colour

»A Candle's Fire« aus *The Rip Tide* – Beirut
»Wilhelm hat's schwer« aus *El Bosso & Die Ping Pongs* – El Bosso & Die Ping Pongs

»Ooh Child« aus *Stairsteps* – The Five Stairsteps
»Ooh Child« aus *I'd Like To Teach The World To Sing* – The Edwin Hawkins Singers
»Ooh Child« aus *Leslie Kong's Connection* – Bruce Ruffin
»Ooh Child« aus *Sweet Mona's Choir and Friends* – Sweet Mona's Choir
»Ooh Child« aus *Fire In The Hole* – Brand Nubian

In den Neunzigern habe ich mit meinem ältesten Bruder zusammengewohnt. Nachdem wir in einer Mietwohnung nicht mehr wirklich willkommen waren, sind wir in eine Lagerhalle umgezogen. Das war genau das Abenteuer, nach dem es sich anhört: Die Halle, in der vorher eine Karate-Schule gewesen war, haben wir komplett so aus- und umgebaut, wie wir sie haben wollten. Also ein eigenes Bad gebaut und gefliest, mein Bruder hat sich selber Dielenboden gemacht, und ich habe einen Laden gefunden, der Straßen-Spiel-Teppich als Meterware hatte. Damit habe ich dann mein Refugium ausgelegt.

Wir haben den ganzen Tag renoviert und gebaut, bestimmt zwei Wochen lang. Dabei lief immer Musik aus meiner kleinen Stereoanlage. Meistens haben wir Manfred Krugs Amiga-Platten gehört. Das war cool, *funky* und ungewohnt. Irgendwie spannend zu hören. Aber manchmal haben wir auch einfach nur Radio gehört. Liquido mit »Narcotic« war zu der Zeit der große Hit. Die allergrößte Freude hatten wir aber, wenn ein anderer Hit lief: Natalie Imbruglias »Torn«. Wir haben uns nie den Text merken können, ich fürchte, wir haben den nicht mal verstanden, aber die Zeile »*lying naked on the floor ...*«, die haben wir immer laut mitgesungen. Und uns kaputtgelacht, dass wir nicht mehr als das verstanden.

Irgendwann war die Wohnung dann fertig, und in der Tat: Meine Freunde liebten es, vorbeizukommen und in meinem Riesenzimmer PlayStation zu spielen oder Videos zu gucken. Und wenn man Tageslicht und Frischluft wollte (mein Zimmer hatte kein Fenster, das Ganze war ja schließlich eine Lagerhalle ...), setzte man sich einfach an den großen, improvisierten Tisch im Hof vor unserer Tür. Efeuüberwuchertes Gemäuer, ein gepflasterter Hinterhof – das Leben spielte sich, wann immer es ging, draußen ab. Oder in den anderen Wohnungen, denn da sich alle Nachbarn schon angefreundet hatten, standen alle Türen immer sperrangelweit offen. Und so haben wir Dutzende private Hoffeste gefeiert. Haben den Fernseher im Sommer auf den Hof gestellt und *Gran Turismo*-Turniere unterm Sternenhimmel gespielt und in einem Winter sogar ein Spanferkel im Hof gebraten. Oftmals saßen wir aber auch bei unseren Nachbarn, dem »Herausgeber« (lange Geschichte, warum der so hieß, aber so hieß er halt, und alle nannten ihn so) und Frau Dr. Heike. Der Herausgeber hatte eine große und vielfältige Plattensammlung, die unter besonderer Wertschätzung von klassischem Rock zusammengestellt worden war. Allman Brothers zum Beispiel. Und natürlich auch eine andere Band: Lynyrd Skynyrd. Oftmals saßen wir abends bei Schnaps und Essen zusammen, und jeder hat seine Lieblingslieder aus des Herausgebers Plattensammlung aufgelegt. Da habe ich jedes Mal »Tuesday's gone« gespielt, weil das so ein ultrafantastisches Lied ist. So viel wirklich schönes Pathos ist im Rock selten.

Einige Jahre später: Ich lebte in München, war aber oft in Berlin. Da spazierte ich dann über Flohmärkte und fand eines Tages den Stand einer Amerikanerin, die Buttons aus ihrer Heimat verkaufte. Ich hatte Buttons schon immer geliebt, und bei ihr kaufte ich zwei aus den 70er Jahren, die nicht nur klare Gebrauchsspuren aufwiesen, sondern auch tolle Sprüche. Einer war übergroß, und darauf stand in weißer Bubble-Schrift auf orangem Hintergrund geschrieben: »*Kiss me – I'm from Brooklyn!*« Ich komme zwar nicht aus Brooklyn, aber wäre ich aus New York, dann wäre ich auch sicherlich aus Brooklyn, und Aufforderungen zum Küssen sollte man immer bei sich tragen, egal, ob sie nun geografisch korrekt sind oder nicht.

Der andere, dezentere Button erklärte: »*I* ♥ *Lynyrd Skynyrd*«.

Beide Buttons habe ich sofort an meine Jacke gepinnt, und sie sahen so gut aus. Jetzt war meine Jacke nicht mehr nur grau, sondern auch cool.

Eines Abends in München: Ich war auf einer Filmpremiere, mehrere Studentenkurzfilme wurden gezeigt. Nichts Ungewöhnliches während des Regie-Studiums. Es war ein schöner Abend mit Freunden, wir amüsierten uns königlich. Es wurde getanzt, als ob es kein Morgen gäbe, und wie das immer so ist bei solchen Festen: Niemand möchte, dass das aufhört, und deswegen wollten wir auch noch weiterziehen. Die Nacht sollte hier einfach noch nicht zu Ende sein.

Ich zog, schon mit deutlichen Koordinationsschwierigkeiten, meine Jacke an und stand wartend auf dem Dancefloor. Die anderen mussten noch irgendwas diskutieren oder anziehen oder so. Ich tanzte alleine ein paar Schritte, fast schon Shoegazer-Style, als mich dieser Typ antippte.

Ich hatte den gar nicht gesehen. Er war etwas kleiner als ich, etwas muskulöser. Er guckte mich grimmig an. Ich hielt ihn für einen Security-Mann, der mich jetzt sicher des Raumes verweisen würde. Man kennt das ja, wenn die Feierabend machen wollen, werden sie schon mal etwas eindringlicher. Ich wollte schon zu einer Erklärung ansetzen, auf wen ich noch wartete und dass ich ja gleich weg wäre und so. Aber das war gar kein Türsteher. Er zeigte auf meine Jacke. Ich sah ihn fragend an.

»Die Band da!«

Ich guckte und zeigte auf meinen Lynyrd-Skynyrd-Button. »Die?«

»Ja, genau! Das sind totale Rassisten!«

Ich wusste erst mal gar nicht, was ich sagen sollte. Ich wartete darauf, dass noch irgendeine Anweisung oder so was folgen würde. Aber es kam nichts mehr. Der Button-Kritiker ließ mich mit der Aussage erst mal allein. Deswegen sagte ich, was jeder vernünftige Mensch in so einer Situation sagen würde:

»Was?«

»Da, die Band auf deinem Button, das ist eine rassistische Band! Ku-Klux-Klan! Die lassen keine Schwarzen auf ihre Konzerte!«

Klassische Gerüchteküche. Ja, mir war bewusst, dass Lynyrd Skynyrd mitunter von einem etwas bizarren Heimatstolz beseelt waren, wie es schon in einem ihrer größten Hits deutlich zu spüren ist: »Sweet Home Alabama«. Aber meh, Amis halt. Südstaaten-Amis. Die sich aber bewusst darüber waren, Musik zu machen, die ihre Wurzeln im schwarzen Rhythm and Blues hat. KKK-Fans würden aus denen auf jeden Fall nicht mehr werden. Und wieder gab ich die einzig mögliche Antwort:

»Stimmt gar nicht!«

»Na klar stimmt das. Das weiß doch jeder!«

Der Rock-Lehrer wollte einen Kampf. Und ich hatte, auch aus Langeweile, Lust, mich darauf einzulassen.

»Wenn es Lynyrd Skynyrd nicht gegeben hätte, dann würde es heute 90 Prozent der Bands, die du gut findest, gar nicht geben!«, bluffte ich gut gelaunt.

»Ach ja? Welche sollen DAS denn sein?« Scheiße, der Typ nahm mich ernst. Jetzt musste ich *delivern*. Aber ich war bereit:

»Na, Guns N' Roses zum Beispiel!«, sagte ich in erschreckend lallendem Ton. Und natürlich stimmt das auch: Die Band um Axl Rose hätte es in dieser Form ohne die Südstaaten-Rocker gar nicht geben können. Zu offensichtlich waren die Querverweise. Die »90 Prozent« waren allerdings wohl ein bisschen hoch gepokert.

»Die find ich gar nicht gut!!!«

»Ja, ja, das sagst du JETZT!«

Wir hatten uns zielstrebig in eine kommunikative Sackgasse

manövriert. Jetzt stand Aussage gegen Aussage. Ich wäre dazu bereit gewesen, zu ihm nach Hause zu fahren, um mir zeigen zu lassen, dass er wirklich keine Platte der Gunners hatte (hatte er garantiert!), aber die Sache nahm einen ganz anderen Verlauf. Er baute sich vor mir auf und schnaubte tief. Wie so ein Stier, bevor er in die Arena gelassen wird. Es wurde brenzlig. Entweder würde er mir jetzt lediglich den Button abreißen oder mir den Button abreißen und noch eine in die Fresse hauen. Und da geschah das Lustigste, was seit Jahren geschehen war.

Ich hatte mich zum letzten Mal in der siebten Klasse vor Biologie geprügelt. Danach nie wieder. Zwar hatte ich noch zwei, drei Mal was auf die Nase gekriegt, aber geprügelt hatte ich mich nicht mehr. Ich war immer weggelaufen. Ich wollte das nicht, konnte das nicht. Was die Wirksamkeit meiner Schläge anging, hätten meine Fäuste wohl genauso gut aus warmer Butter sein können. Wie hatte Michael Jackson so schön gesungen (und vor ihm die Kinks): »*I'm a lover, not a fighter.*« Und an diesem Abend war ich ohnehin nicht aggressiv gestimmt, sondern ausgesprochen fröhlich. Und in dieser Fröhlichkeit habe ich mir dann gedacht: Ich finde, es gibt keinen cooleren Grund, sich auf die Fresse hauen zu lassen, als für ein Lieblingslied. So stand ich also vor dem Mann, der mich gleich vermöbeln würde, und sagte nur:

»Okay, dann komm. Bringen wir's hinter uns. Hau mir eine rein, ich will gleich noch mit meinen Freunden weiterziehen.«

Dieser Akt totaler Selbstlosigkeit schien mein Gegenüber dann doch zu verwirren. Der Typ schnaubte noch mehr, ballte die Fäuste, und nach einem tiefen gegenseitigen Blick in die Augen, in den er seine ganze Aggressivität legte und ich meine ganze freudige Erwartung, murmelte er nur »Ach«, machte auf dem Absatz kehrt und ging raus. Wir sind dann noch weitergezogen und haben die ganze Nacht lang getanzt und gelacht.

Und noch heute stelle ich mir vor, wie der Typ nach Hause geeilt ist und sofort hektisch seine ganzen G N' R-Platten weggeworfen hat.

Musik zum Text:

»Wenn's draußen grün wird« aus *Ein Hauch von Frühling* – Manfred Krug
»I Won't Try« aus *Liquido* – Liquido
»Torn« aus *Left Of The Middle* – Natalia Imbruglia
»Ramblin Man« aus *Brothers And Sisters* – Allman Brothers
»Tuesday's Gone« aus *(Pronounced 'lĕh-'nérd 'skin-'nérd)* – Lynyrd Skynyrd
»Don't Cry« aus *Use Your Illusion I* – Guns N' Roses

Textanalyse:
»Bis wir uns wiedersehen« – Münchener Freiheit

Die Münchener Freiheit. Die vielleicht beste deutschsprachige Popgruppe, die es je gab. Für mich war immer ganz klar: Münchener Freiheit sind die deutschen Spandau Ballet. Punkt.

Die haben einen Haufen großartiger Songs geschrieben. »Ohne dich« und »Solang man Träume noch leben kann« sind die großen Hits. Aber auch andere, weniger bekannte Songs haben so ihre Momente. »Ach wie gut, dass niemand weiß, dass mein Stilzchen Rumpel heißt« ist so ein von den meisten eher selten mit der bayerischen Band in Verbindung gebrachtes Textmoment. Oder das bizarre »Ich steh auf Licht« mit dem Refrain:

Oh, ich steh auf Licht, die Sonne und dich
Ich steh auf dich, warum, das weiß ich nicht. Ich steh auf Licht
Ich steh auf Licht, elektrisches Licht
Ich steh auf dich, warum, das weiß ich nicht. Ich steh auf Licht

Ein fantastischer Song aus den Anfangstagen der Band. Sehr schnell, sehr modern, ungewohnt »rockig« für die Münchener Freiheit. Aber eben offensichtlich seltsam. Es gibt da noch ein anderes meiner Meinung nach richtig subversives Lied. Dafür muss ich aber mal ganz kurz abschweifen.

Monty Python haben zu der Zeit ihrer Fernsehshow *Flying Circus* etwas ganz Großartiges erfunden, den sogenannten »Random Talk«. Es geht darum, sich so lange wie möglich so unzusammenhängend wie möglich zu unterhalten. Klingt erst mal unglaublich einfach. Aber das menschliche Gehirn funktioniert nun einmal so, dass es ab einem gewissen Punkt unbedingt sinnvoll antworten oder reagieren möchte, oder besser noch: muss.

Wenn jemand zum Beispiel sagt: »Oh, regnet es?«, dann kann man sich anfänglich noch zu der Antwort »Ja, gern, aber ohne Zwiebeln, bitte!« zwingen. Nach einer gewissen Zeit aber hat man das Bedürfnis nach wenigstens einem Mindestmaß an Zusammenhang. Ich habe schon unzählige Mail-Random-Talks geführt und weiß, wovon ich rede. Jedes Mal musste ich nach ungefähr 20 Minuten aussteigen, weil ich es nicht mehr aushielt. Es überkommt einen der innere Druck, sinnvoll zu antworten. Und bevor man *das* tut, klinkt man sich lieber aus. Spannend und schlimm. Splimm.

Warum dieser Exkurs? Weil ich glaube, dass die Münchener Freiheit dieses Spiel im großen Stil gespielt hat, ohne es jemandem zu sagen. Und das möchte ich beweisen anhand ihres großen Hits (und meines Lieblingsstücks aus ihrem *œuvre*) »Bis wir uns wiedersehn«:

Ich such die Sterne, wenn der Frühling mich verführt.

Der junge Mann, der das Lied für uns singt, freut sich also, dass die warme Jahreszeit wieder beginnt. Kann ich verstehen. Vermutlich soll es auch bedeuten, dass die Nächte wieder länger werden (»such die Sterne«) und man länger draußen bleiben kann.

Hier und überall fängt die Reise wieder an.

Ja, der Frühling fängt natürlich überall gleichzeitig an. Also, in unseren Breitengraden. Das mit der Reise hab ich schon nicht mehr so ganz kapiert. Wie kann eine Reise denn »hier und überall« starten? Na ja. Vielleicht zieht es jetzt alle Menschen überall wieder raus.

Geliebte Ferne, wenn die Liebe mich berührt.

Von welcher Liebe sprechen wir jetzt genau? Der Liebe zum Frühling, zum Reisen? Also, ja, die Ferne wird geliebt, aber wieso wird er von der Liebe berührt?

Hier und überall werden meine Nächte lang.

Vielleicht muss man das mit der letzten Zeile davor zusammen-ziehen. Dann wären die Nächte lang, wenn die Liebe ihn be-rührt. Also, er kann nicht schlafen. Aber ist das immer noch die Fernwehliebe oder eine andere? Und warum eigentlich schon wieder »hier und überall«?

Manchmal fühl ich mich allein. Auch wenn ich fühle, frei zu sein.

Das klassische Selbstbetrugs-Dilemma des Single-Lebens. Ja, ey, ich bin total frei als Single, das ist doch toll! Aber abends allein im Bett merkt man – toll ist was anderes.

Denn irgendwo in dieser Nacht bin ich vor Sehnsucht aufge-wacht.

Q.e.d.!

Und ich halt dich fest, bis wir uns wiedersehn!
Wiedersehn – bis wir uns wiedersehn!

Häh? Wen hält er denn jetzt plötzlich fest? Abgesehen von dem offensichtlichen Paradoxon: »Ich halt dich fest, BIS wir uns wie-dersehn!« Wie soll das denn gehen?

Seit vielen Tagen spiegeln Straßen sich im Licht.

Entweder höre ich hier eine klare Regenmetapher raus, oder der Sänger will uns sagen, dass er auf der Reise ist. Vermutlich eine bizarre Mischung aus beidem.

Hier und überall, wie seit einer Ewigkeit.

Dieses »hier und überall« ist natürlich als leitmotivische Raffinesse gedacht, aber mich macht das langsam ein bisschen wahnsinnig, weil das ja fast nur noch wiederholt wird, um wiederholt zu werden, und nicht etwa, weil es so schön passen würde, und der Halbsatz mit der Ewigkeit … Ich glaube, da fängt jemand an, sich auf seiner Reise zu langweilen.

Seit vielen Tagen zeigt die Freiheit ihr Gesicht.

Jetzt also auch noch der textliche Kniff, die Zeile wie die erste anfangen zu lassen. Raffinierter kann es eigentlich nur noch werden, wenn die folgenden Zeilen sich komplett gleichen. Ansonsten geht es inhaltlich wohl gerade darum, dass unser Held unterwegs ist. Und wo ist er unterwegs? Ich würde wetten, der Anfang der folgenden Zeile kann uns darüber Auskunft erteilen:

Hier und überall. Leere ohne Raum und Zeit.

Was? »Leere ohne Raum und Zeit«? Was für eine Volte! Wir sind von einem vermeintlichen Liebeslied, das sich als Song über eine Reise mit ungewissem Ziel entpuppt hat, zu einer physikalischen Grundsatzdiskussion über das Raum-Zeit-Kontinuum gelangt, die bis in die Philosophie hineinreicht. Schrödingers Katze lässt grüßen. Aber hier geht einem ein (elektrisches) Licht auf: War das nicht von langer Hand geplant? War das ständige »Hier und überall« nicht eine klare Anmeldung des bevorstehenden wissenschaftlichen Inhalts? Genial!

Und da fällt einem wieder ein: Zwischen »Münchner Freiheit« und »Universität« liegt in München nur eine U-Bahn-Station.

Musik zum Text:

»Ohne dich« aus *Von Anfang an* – Münchener Freiheit
»Solang man Träume noch leben kann« aus *Fantasie* – Münchener Freiheit
»Rumpelstilzchen« aus *Licht* – Münchener Freiheit
»Ich steh auf Licht« aus *Licht* – Münchener Freiheit
»Bis wir uns wiedersehn« aus *Fantasie* – Münchener Freiheit

Dance, dance, dance

Mein Freund Ramirez ist ein Super-DJ. Der legt Sachen auf, die man sonst nur noch selten hört. Disco und so. Und dabei springt er immer noch zwischen House, HipHop und Italo-Disco hin und her, dass man ihm kaum folgen könnte, würde das alles nicht so wunderbar zusammenpassen. Also, in seinem Mix. Wenn ich mit den gleichen Platten auflegen würde, die er in seiner Tasche hat … Ich sag's mal so: Wer seinen Laden unbedingt leer haben möchte, der sollte das mal ausprobieren.

Aber durch ihn habe ich Disco kennen- und schätzen gelernt. Und das bringt mich wiederum auf eine ganz andere, sehr steile These, für die ich ein bisschen ausholen muss.

In den Neunzigern bildete ich mit einem Freund, Peta aus Würzburg, ein DJ-Team. Wir nannten uns »Goodfellas«, weil wir solche Filmfans waren (und unsere DJ-Gage meistens gleich am nächsten Morgen in irgendeiner Videothek bei den gebrauchten Kaufvideos versenkten). Wir legten vor allem im Kontext irgendwelcher Techno-Partys auf, weil wir da so viele Leute kannten (und unsere Booking-Agentur auch). Da bekamen wir dann immer »*special areas*«, weil wir halt mehr oder weniger alles außer Techno spielten. Unseren ersten Gig hatten wir übrigens im Frankfurter Dorian Gray, auf einer der legendären Geburtstagspartys des inzwischen leider gestorbenen Markus Löffel aka Mark Spoon. Im Tribehouse in Neuss, ebenfalls eine legendäre Techno-Adresse, haben wir auch mal aufgelegt und als »*special area*« das Männerklo bekommen. Inklusive Gogo-Tänzerinnen. Ein großer Spaß.

Peta und ich wechselten uns immer ab, und mein großes Steckenpferd zu der Zeit waren Lieder der 80er Jahre. »We Built This City« von Starship zum Beispiel. Oder »Like Ice In The

Sunshine«, eine Super-Maxi. Auch »Rain In May« von Max Werner oder »Das Blech« von Spliff spielte ich sehr gern. Und die ganze Italo-Schiene natürlich: »I Like Chopin«, »Dolce Vita«, »Tarzan Boy«. Die Eighties hatten es mir einfach angetan. Und es kamen immer weitere Favoriten dazu. »Building A Bridge To Your Heart« von Wax (an das ich dann später durch Rocko Schamonis großartiges »Gegen den Staat« wieder erinnert wurde).

Irgendwann schlief unser DJ-Team aber allmählich ein, und jeder begann für sich alleine aufzulegen. Ramirez arbeitete zu der Zeit bei einem Plattenvertrieb und brachte mir immer mal wieder die eine oder andere Platte mit. Da war unter anderem die drei Platten umfassende *Paradise Garage*-Box dabei. Das Paradise Garage war in den 70ern und frühen 80ern der *wirklich* angesagte und coole Club in New York, nicht nur Show wie das Studio 54, sondern der echte Shit. Da sind die Leute hingegangen, um echt zu feiern und zu tanzen. Clubchef und Ober-DJ war Larry Levan, der als Vater des modernen DJing gilt. Denn er hat superlange Maxi-Versionen von Disco-Songs produzieren lassen, damit er sie im Club spielen und mixen und damit einen durchgehenden Beat schaffen konnte. Die großartige, zehnminütige »Ain't No Mountain High Enough«-Version von Inner City kann davon ein Lied singen. Auf der Box, die ich von meinem Kumpel geschenkt bekommen hatte, waren die Maxi-Versionen mehrerer Lieder drauf, von denen es mir aber vor allem ein Song so dermaßen angetan hatte: Ashford & Simpson kannte ich schon. Das war doch dieses Ehepaar, das diesen sehr kitschigen, aber auch sehr guten 80er-Jahre-Song gemacht hatte, »Solid«. Super-Nummer. Hier war aber ein Stück aus den 70ern von den beiden drauf. Es hieß »Bourgie Bourgie«. Ein unglaublich bescheuerter Name. Aber der Song, der Song! Was für ein Stück Musik! Dieses langsame Intro mit dem verführerischen

Piano. Dann schleichen sich die Bläser langsam an, von hinten, über Rhodes, Flöte und Streicher. Meine Güte, ein ganzes Orchester läuft in diesem Lied zusammen! Die Streicher erschaffen eine Fläche wie auf dem Love Boat. Schwülstig, verlockend, superwarm. Und auf einmal setzt der Beat ein, die Bläser werden zu Fanfaren und eine *funky* Gitarre grätscht rein. Erst nach den vollen sechs Minuten wird einem klar, dass im ganzen Song kein Gesang zu hören war, und es hat überhaupt nichts ausgemacht. Dieses Lied »spricht« auch so. Es gab später noch eine Version mit Gesang, geschrieben für Gladys Knight. Das war auch eine gute Version, aber die Magie des ursprünglichen Instrumentals hatte sie trotzdem nicht. Da fließt alles, springt leichtfüßig umher. Wenn nur noch ein Disco-Song auf dieser Welt bleiben dürfte, man müsste sich für diesen entscheiden. Musikalische Virtuosität. Hätte Mozart in den 70ern gelebt, das Stück hätte von ihm stammen können. Vergnügt und unkompliziert daherkommende Komplexität. Der Zeus unter den Disco-Songs.

Damit war ich verloren: Von heute auf morgen waren mir die 80er Jahre völlig egal, und ich durchkämmte alle Flohmärkte, Plattenbörsen und das gesamte Internet nach korrektem Seventies-Stoff. »Walking Into Sunshine« von Central Line ist so eine *funky* Nummer, die ich vor allem wegen ihrem Ende liebe. Die Maxi von Anita Wards »Ring My Bell« ist deswegen so geil, weil der Song da so lang ist und am Ende noch Rototoms dazukommen, die dem Ganzen noch mal eine Spur extra Drive geben. Warum hat man das eigentlich nur für die Maxi gemacht? Das wäre auch in der »normalen« Version so super gekommen. In Neuseeland, beim Durchstöbern von CD-Läden, kaufte ich mir eine coole Disco-Compilation, die ich rauf und runter hörte, und in einem Laden in Los Angeles kaufte ich fast das komplette 1-$-Fach leer, weil da Platten drin waren, die ich hierzulande niemals (so einfach und/oder so günstig) bekommen hätte. Voll Disco, voll 70er. Bis heute suche ich eine kleine Bar, in der ich einmal in der Woche Disco auflegen kann, wie ich das möchte. In Berlin anscheinend ein Ding der Unmöglichkeit. In Köln läuft das in fast jedem Laden. Ach, so ist das als Kölsche Jung in Berlin.

Aber zurück zur These. Ich meine da nämlich ein Muster erkennen zu können: Wenn ich mich in meinen Zwanzigern so für die 80er begeistern konnte und in meinen Dreißigern so für die 70er … dann werde ich wohl in der nächsten Dekade meines Lebens ein erhöhtes Interesse für Soul und Psychedelic entwickeln. Und, mathematische Ironie: in meinen Fünfzigern für die 50er, Rock 'n' Roll und Blues und so. Für meinen sechzigsten Geburtstag rechne ich schon mit Jazz-Platten und Marlene-Dietrich-Best-ofs. Zehn Jahre später fällt mein Augenmerk auf Charleston, obwohl meine Knie vermutlich nicht mehr so mitspielen werden. Ich weiß nicht mal, *wie* wir Musik hören werden, wenn ich erst mal achtzig und ein paar Gequetschte bin, aber mein Interesse wird sich dann vor allem auf den Swing der »*Roaring Twenties*« konzentrieren.

Das sind ja rosige Aussichten. Das Gute daran ist aber: Ich muss kein schlechtes Gewissen haben, wenn mich das jetzt nicht so sehr interessiert. Kommt ja alles noch, offensichtlich.

Musik zum Text:

»We Built This City« aus *Knee Deep In The Hoopla* – Starship
»Rain In May« aus *Seasons* – Max Werner
»Das Blech« aus *Herzlichen Glückwunsch* – Spliff
»I Like Chopin« aus *Gazebo* – Gazebo
»Dolce Vita« aus *Dolce Vita* – Ryan Paris

»Tarzan Boy« aus *Living In The Background* – Baltimora
»Bridge To Your Heart« aus *American English* – Wax
»Gegen den Staat« aus *Showtime* – Rocko Schamoni
»Ain't No Mountain High Enough« aus *Inner Life* –
Inner Life
»Solid« aus *Solid* – Ashford & Simpson
»Bourgie Bourgie« aus *Send It* – Ashford & Simpson
»Walking Into Sunshine« aus *Central Line* – Central Line
»Ring My Bell« aus *Songs Of Love* – Anita Ward

Der wichtigste Soundtrack aller Zeiten

Die Ironie der Popmusikgeschichte hat in diesem Fall wieder mal besonders hart zugeschlagen. Die meisten männlichen Mitmenschen, die ungefähr in meinem Alter sind und sich schon früh für Gitarrenmusik oder Rap begeistern konnten, kennen diese Platte, lieben sie vermutlich sogar. Können mit glänzenden Augen von Erlebnissen erzählen, die sie mit einzelnen Liedern verbinden. Der erste Vollsuff, der erste Joint, der erste Nasenbeinbruch beim Pogen, der erste Urlaub allein, der erste Discman, die erste eigene Wohnung, die erste Ruhestörung, die erste Kassette im ersten eigenen Auto. Eine wahrhaft identitätsstiftende Platte. Und eine, die von Anfang an versöhnte und zusammenführte, was vermutlich einfach zusammengehörte. Nämlich Grunge, Alternative Rock, Indie und auch Metal mit Hip-Hop und Rap. Nicht einfach schnöder, billiger und schlechter Crossover à la Clawfinger. Hier trafen Größen aufeinander und erschufen ein Energie-Amalgam, das jeden zum sofortigen Explodieren brachte. Wer brauchte Sex, wenn er diese Platte hören konnte? Niemand!

Und jetzt die Ironie: Diese Platte war ein Soundtrack. Eine megapopuläre Platte, die jeder zu Hause hatte, die aber eigentlich nur ein Vehikel für einen Film war. Und was war mit dem Film? *Judgment Night* hat es hierzulande nur auf Video geschafft, weil er schon in den USA schlecht gelaufen war. Und ich glaube, der wurde auch nicht oft ausgeliehen. War auf jeden Fall kein Toptitel in der Videothek. Vielleicht weil die musikalische Genialität in keinem Verhältnis zur filmischen Schlichtheit stand. Und auch wenn die Story ganz okay und wenigstens ein bisschen spannend war (eine Gruppe männlicher Freunde will in einem Wohnmobil zu einem Boxkampf, verfährt sich und gerät in einen Gang War) und der Cast gar nicht mal so schlecht (Emilio Estevez, Denis Leary, Stephen Dorff, Cuba Gooding Jr.), so war der Film einfach nicht der große Wurf. Ganz im Gegenteil zum Soundtrack. Jahre später wurde dasselbe Konzept übrigens beim Soundtrack zur Comic-Verfilmung *Spawn* noch einmal ausprobiert. Allerdings sind da Rockbands gemeinsam mit elektronischen Acts angetreten. Zum Beispiel Prodigy und Rage-Against-The-Machine-Gitarrist Tom Morello, Metallica und DJ Spooky oder Henry Rollins und Goldie. Das hatte auch seine Momente, war aber alles in allem ein bisschen zu zerfahren, zu un*straight*. Außer vielleicht die Kollaboration von Slayer und Atari Teenage Riot. Das hat gepasst, da hatten sich die Richtigen gefunden. Aber Perfektion gab es eben nur auf dem *Judgment Night*-Soundtrack. Grund genug für eine Track-by-Track-Analyse:

»Just Another Victim« – Helmet & House Of Pain
Was für ein Opener! Das erste Stück gibt direkt die Marschrichtung vor. Ein hartes, treibendes, aber ebenso trockenes Schlagzeug springt einem direkt ins Gesicht. Dazu ein einfaches Gitarrenriff, das nur aus wenigen Tönen besteht, aber vom ersten Hören an ein Leben lang wiederzuerkennen sein wird. Der Gesang von Helmets Page Hamilton ist ein Zwitter aus Brüllen und Ansagen-Machen. Laut, brüchig, kompromisslos. Im Refrain, der durch ein paar Sirenen, einen langen Basslauf und viel Noise gekennzeichnet ist, ist dann auch Everlast, der Rapper von House Of Pain, zu hören, wie er *»Just another victim«* ins Mikro spittet. Und dann kommt plötzlich, mitten im Lied, exakt nach der Hälfte, ein Break. Das Schlagzeug verstummt, gesamplete Schreie sind zu hören, eine subfrequente Bassdrum klopft an, und dann startet der lupenreine Rap-Beat, begleitet

vom bereits bekannten Riff. Der Song hat sich um 180 Grad gedreht, ist aber immer noch dieselbe Nummer. Und die Iren rappen und scratchen sich durch die zweite Hälfte und büßen dabei nichts von der Härte Helmets ein. Dieser Song muss reihenweise Genicke gebrochen haben.

»Fallin'« – Teenage Fanclub & De La Soul
Wie geht das denn? Sind wir noch auf derselben Platte? Die Indie-Darlings Teenage Fanclub spielen ein Instrumental zum Verlieben. Ein Lied, neben dem man morgens aufwachen möchte und das man dann durch das Sonnenlicht, das zum Fenster hereinscheint, genau anguckt. Ein *laid-back*, entspannt, leichtfluffig hallendes Gitarrenriff. Dazu wunderschön schwebende *»Dop dop doodoo«*-Ad-Libs. Und dann rappen De La Soul, die ja quasi die Meister des gechillten Raps sind, in gewohnt cooler Manier dazu. Unter dem Ganzen pumpt eine 808-Bassdrum. Und dann hört das Stück auch noch einfach so auf. Kein Fade, kein Outro, kein Abschluss, einfach ein klarer Cut, wenn alles gesagt wurde. Das Lied ist eine Friedenserklärung.

»Me, Myself And My Microphone« – Living Colour
& Run-D.M.C.
Wenn irgendjemand hier Alterserfahrung mit dem Mix aus Rap und Rock hat, dann ja wohl Run-D.M.C. Und vielleicht haben sie sich deswegen zu dieser Zusammenarbeit entschieden. Living Colour waren ja per se schon eine Crossover-Band. Wo soll also deren Nutzen durch die Teilnahme an so einem Projekt sein? Und zugegeben, es mag nicht der allerstärkste Track der Platte sein, aber hier ist ein schwacher Song immer noch stärker als der komplette Output irgendeiner erfolgreichen Crossover-Band. Living Colour geben sich alle Mühe, ihren Rapkollegen entgegenzukommen, indem sie Stile mixen, sie changieren zwi-

schen einem eher brachialen Metal-Riff als Intro und Break, einem typischen LC-Riff in der Strophe und einem eher lieblichen Hook-Riff, das dann noch durch ein Eighties-Rap-Sample verstärkt wird. Run-D.M.C. rappen gewohnt souverän durch den Song und beweisen wieder einmal, wer der King of Rap ist. Am meisten mag ich den reinen Drum-Break am Ende der Nummer. Nur das immer sehr *straighte* Living-Colour-Schlagzeug und darüber der Rap mit gelegentlichen Gitarreneinsprengseln. Mehr hätte der Song für mich eigentlich gar nicht gebraucht.

»Judgment Night« – Biohazard & Onyx
Brooklyn trifft Queens. Was sich hier zur Zusammenarbeit am Titeltrack des Albums traf, sollte der Beginn einer kurzen, aber fruchtbaren Kollaboration sein. Biohazard, die Brachial-Metalheads aus Brooklyn, shouten und riffen sich durch den Song, wie nur sie es können. Die hatten auch so einen speziellen Sound. Die Gitarren ähnlich hart wie die von Helmet, aber weicher gespielt, weicher abgemischt, mehr »aus einem Guss«. Dazu noch die Vorliebe für das Hochziehen von Gitarrenwänden. Da gniedeln dann im Hintergrund noch ganz leise mehrere Solo-Gitarren vor sich hin, um alles breiter zu machen. Und jedes neue Riff entsteht aus einer Rückkopplung. Oder endet in einer. Und dazu der Rap und der Beat von Onyx: laut, dreckig, voll auf die Zwölf. Raue Stimmen von der Straße, die keine Gefangenen machen. Das Ganze passte dann so gut zusammen, dass Biohazard Onyx noch bei »Slam«, einem ihrer größten Hits, unterstützten und einer der Rapper noch auf einem späteren Biohazard-Album als Feature-Gast vertreten war. New York fickt alle.

»Disorder« – Slayer & Ice-T
Das erste Wort in diesem Song, nach einem reinen Drum-Intro, geschrien von Slayers Tom Araya und Ice-T zusammen: *»WAAAR!«* Mehr muss man wohl nicht sagen.

(Na ja, vielleicht doch noch, dass es sich bei dem Song um eine Art Medley von drei Songs der schottischen Punk-Legende The Exploited handelt, nämlich »War!«, »UK 82« – hier geändert in »L.A. 92« – und eben »Disorder«. – Schöne Hommage.)

»Another Body Murdered« – Faith No More & Boo-Yaa T.R.I.B.E.
Typischer Faith-No-More-Sound, mit Keyboard-Piano und immer ein bisschen weiter hinten klingend als bei anderen Produktionen. Aber in sich total stimmig. Seltsam hinkender Beat, der deswegen total antreibt. Fast »leeres« Gitarrenriff, das vom Piano und Mike Pattons seltsamem Geistergesang in der Hook schön konterkariert wird. Eben das, was FNM immer schon am besten konnten (lasst uns nicht über das alberne »Easy«-Cover reden). Dazu die leider schon damals sträflich unterschätzten rappenden Samoaner vom Boo-Ya-T.R.I.B.E. Diese »Six Bad Brothers«, wie sie einen Song auf dem Debüt (nach sich selbst) benannten, haben so eine Art Rap draufgehabt, der zwar unaufgeregt klang, aber dennoch bedrohlich. So gewalttätig irgendwie. Dieses Sich-nicht-stressen-Lassen vom Beat, sondern ruhig sein Ding durchzuziehen, nach dem Motto: Hier hat sich alles nach uns zu richten. Da möchte man nicht widersprechen.

»I Love You Mary Jane« – Sonic Youth & Cypress Hill
Mensch, die Platte wäre doch DIE Chance für Cypress Hill gewesen zu beweisen, dass sie sich noch für andere Themen interessieren oder begeistern können als für die nächste Grasernte.

Aber, ach, vielleicht ist ihnen wirklich alles andere egal. Gewohnt quäkender Rap, wie man ihn von den Berufskiffern gewohnt ist. Durchaus gut, aber natürlich latent ermüdend. Interessant ist in diesem Fall das Instrumental: Sonic Youth, die New Yorker Noise-Institution, versucht sich hier in neuen Song-Strukturen. Etwas ruhiger als ihr gewöhnlicher Output, aber deswegen natürlich noch lange nicht »normal«. Eine seltsame Gitarre quiekt sich durch den Hintergrund. Der Basslauf besteht aus zwei Pingpong spielenden Tönen, und der Beat ist gesamplet. Der träumerische Gesang von Kim Gordon im Refrain und ein weit entferntes, im Feedback nahezu verschwindendes Gitarrenlärmgewitter als Abschluss beweisen, wie überraschend gut Sonic Youth doch auch zum HipHop passen. Vor allem klingt der Song dadurch wirklich wie ein anstrengender Kiffer-Trip. Da hat doch irgendwer das Bongwasser ausgetrunken.

»Freak Momma« – Mudhoney & Sir Mix-A-Lot
Mudhoney, eine von Cobains Lieblingsbands und Popofan Mix-A-Lot (»Baby's Got Back«) im Duett sind zusammen irgendwie funkiger, als man das von beiden Parteien erwartet hätte. Dabei haben Mudhoney das Aufspüren schräger Töne immer noch perfekt drauf, aber dazu kommt so eine seltsame Bereitschaft zum Rap. Deswegen sind die Strophen quasi nur Beat und Bass, ungewohnt *straight* durchgespielt. Das gibt dem Sir ausreichend Raum, um sich auszutoben. Und so spittet er in hoher Taktzahl seine Rhymes. Der Refrain ist dann, mit einem plötzlichen Snare-Schlag einsetzend, feinster Seattle-Alternative-Sub-Pop-Rock mit umherirrenden Gitarren. Das ist so cool, wie das Schlagzeug sich manchmal verhaspelt, der Bass stoisch immer weitermacht und irgendwie alle mit totaler Selbstverständlichkeit vorgehen. Vielleicht deswegen einer der unauffälligsten Songs auf dem Album. Den man aber nicht übersehen sollte.

»Missing Link« – Dinosaur Jr. & Del Tha Funkee Homosapien
Perfekt: Dinosaur-Jr.-Songs klingen ja immer wie eine Mischung aus der Power von Punk-Rock, der Lässigkeit des Grunge und der Atmosphäre des Indie-Rock. Darüber rappt der sehr präsente, unbeirrbar *straighte* Funkee Homosapien Del mit unglaublicher Tightness. Selbst wenn im Refrain noch J. Mascis von Dinosaur Jr. zu singen anfängt, rappt Del einfach drüber und weiter. Passt aber perfekt. Und so wird ein Quasi-Battle zu einem gemeinsamen Song. Auch wenn das gar nicht zu gehen scheint, dieses Lied kann das: sphärisch in die Fresse.

»Come And Die« – Therapy? & Fatal
Über Fatal ist im Internet nicht besonders viel rauszubekommen. Er stammt wohl aus dem Tupac-Umfeld. Falls es sich dabei um denselben »Fatal« handelt. Dann allerdings ist dieser Track auch seine erste richtige Veröffentlichung. Alle anderen erhältlichen Fatal-Tonträger sind nämlich ab 1994 datiert, der *Judgment Night*-Soundtrack erschien aber schon 1993. Therapy? waren dafür aber umso bekannter. Die irischen Alternative-Rock-Größen haben zu der Zeit viele Festivals geheadlinet, und die Platte *Trouble Gum* hatten wohl die meisten Alternative-Hörer zu Hause rumstehen. Ich fand die immer ein bisschen belanglos und kitschig. Und so ist auch dieser Song. Crossover-Kitsch mit einer Art Westerngitarre im Outro, Industrial-Anleihen im Beat (die auch immer in der Musik von Therapy? auftauchten), aber alles ein bisschen arg dünn klingend. Langweiliges 08/15-Riff und ein Refrain, der Biohazard zu channeln versucht, dabei aber nicht die Coolness der Brooklynites hat. Vernachlässigbar.

»Real Thing« – Pearl Jam & Cypress Hill
Ha! Ich nehme alles zurück: Für den zweiten Song auf dem

Soundtrack haben Cypress Hill dann doch ein anderes Thema als Dope gefunden: Realness. Und das ist zwar im Rapkontext kein neues Thema, eher im Gegenteil, aber in Bezug auf die Band angenehm *fresh*. Dazu dann ein Instrumental, bei dem man auf jede Peinlichkeit gefasst ist, denn Pearl Jam mögen als vieles gelten, aber als »cool« im klassischen Sinne eher nicht. Umso überraschender (und schöner), dass sie sich hier zurücknehmen und voll in den Dienst des Songs stellen. Dabei entwickeln sie eine ungeahnt funkige Seite, die von den Rappern munter aufgenommen und verwandelt wird. Eddie Vedder hält sich angenehm zurück (ich glaube ihn einzig in den Ad-Libs zu hören) und überlässt die Bühne den Rappern, die davon erzählen, dass sie ihre Knarre immer am Mann haben (müssen), um in der Hood stets für alles gewappnet zu sein. Wie gesagt: textlich nicht die Neuerfindung des Rades, aber für diese Band überraschend haschfrei. Guter Song und schöner Abschluss eines Albums, das ein komplettes Genre neu definiert hat. Von nun an musste sich alles, was Crossover zu sein glaubte, an diesem Soundtrack messen.

Und lebte das Genre auch, vor allem hierzulande (H-Blockx, Freaky Fukin Weirdoz, Guano Apes), noch einige Jahre lang weiter, war *Judgment Night* in seiner unübertrefflichen Großartigkeit doch auch gleichzeitig das Ende der Versuchsaufstellung »Wie passen Rock und Rap zusammen?«. Die Platte war die Antwort. Die Suche hatte ein Ende.

Musik zum Text:

»No Remorse (I Wanna Die)« aus *Spawn O.S.T.* – Atari Teenage Riot & Slayer
»Slam« aus *Bacdafucup* – Onyx feat. Biohazard

Wie James Iha mit mir Schluss gemacht hat

Die Smashing Pumpkins, das ist eine ganz schwierige Band. Ihr zweites Album *Siamese Dream* ist eines der ultrafantastischsten Alben aller Zeiten. Ich höre das regelmäßig so zwei-, dreimal im Jahr, immer komplett durch, und dann denke ich jedes Mal wieder: wow! Wie konnte so eine Platte überhaupt entstehen, das erscheint mir so unwahrscheinlich wie ein Vulkanausbruch genau jetzt unter mir. Vermutlich auch eine der emotionalsten Platten in meiner Lieblingsplattensammlung. Dieser Einsatz von Dynamiken, das ist schon etwas sehr Besonderes. Leider hat das die Band in meinen Augen danach nicht noch einmal hinbekommen. Ja, der Nachfolger *Mellon Collie And The Infinite Sadness* wird von den meisten als Meilenstein gefeiert, und ja, das war auch eine gute Platte. Nur, dieses Doppelalbum schien mir zu vollgestopft. So etwas muss ich in Etappen hören, sonst ist das »zu viel Gefühl« (Zitat: Ideal) auf einmal, das ertrage ich nicht. Aber wenn ich eine Platte nie ganz am Stück hören kann, dann fühlt die sich nicht komplett an. Hier wäre ein beherzteres Aussortieren vonnöten gewesen. Doch niemand widerspricht einem Billy Corgan, vor allem natürlich ein Billy Corgan selbst nicht, und so kam es dann wohl zu diesem überfrachteten Stück Musikgeschichte.

Mehrere Umbesetzungen inklusive hässlicher Schuldzuweisungen Corgans in seinem Blog Jahre nach dem Split sorgten dafür, dass die Band langsam auseinanderbrach und ausblutete. Die ursprüngliche Wärme wich einem Pathos, das sich unheimlich ernst nahm, aber nur völlig aufgesetzt wirkte. Die Instrumentierung wurde immer elektronischer. Dynamiken verblassten immer mehr. Hört man *Siamese Dream* und direkt danach das letzte Album vor dem Split, *Machina*, würde man im Traum nicht daran denken, dass es sich um dieselbe Band handelt. Man muss akzeptieren, dass mit »Smashing Pumpkins« nur Corgans Stimme gemeint ist. Der Rest ist wie ausgewechselt. Traurig.

Aber zurück zur Hochphase: so tolle Songs, und wenn sie mal ein richtig schönes Lied machen wollten, dann wurde es gleich so schön, dass man das Gefühl kriegen konnte, von seiner Liebe fast erdrückt zu werden. Wie so ein Riese, der einen in die Hand nimmt, um zu bemerken, dass er vorsichtig sein muss, wenn er einen nicht zerquetschen will, und der dann, kurz bevor es zu spät ist, seinen Griff lockert. Nun hat diese Lieder aber Corgan nicht allein geschrieben. Allein konnte der vor allem die Dramen schreiben, aber die Schönheiten, die schrieb er zusammen mit seinem Gitarristen, James Iha.

Das wissend, stand ich 1998 im Plattenladen und hielt eine CD mit dem Titel *Let It Come Down* von James Iha in den Händen. Seine erste Solo-Platte. Ohne Aufpasser Corgan. In meinem Leben war gerade irrsinnig viel im Umbruch. Ich hatte bei VIVA aufgehört, ich war mit einer Hamburgerin zusammen, in die ich unglaublich verliebt war und die ein Kind im Kindergartenalter hatte. Ich war frei und glücklich. Und ich glaubte, dass diese gelbumrandete Platte dazu passen könnte. Wie recht ich hatte!

Diese Platte verströmte Liebe, sie verwandelte die Schönheit der Liebe in Lieder und komprimierte sie zu Popsongs, die nicht pathologisch *happy* wirkten, sondern wussten, dass Glück immer auch ein Stück weit Melancholie bedeutet. Die Stimme von Iha, die so sanft über die Songs gleitet, sprang mir sofort mitten ins Herz, und ich saß zu Hause überglücklich vor meiner Stereoanlage und war höchstens ein bisschen sauer, dass im Booklet keine Texte standen und ich versuchen musste, alles herauszuhören, was mir schon bei deutschsprachigen Songs oft genug schwerfällt, bei englischsprachigen aber noch schwerer. (Ich bewundere da immer meine beste Freundin Chiara, die ein Lied nur dreimal hören muss, um den kompletten Text zu können, und zwar völlig egal, in welcher Sprache. Bei mir ist es aber auch schon etwas besser geworden.) Ich war auf jeden Fall sicher: Unsere Liebe hat einen Soundtrack gefunden. Das wäre dann schon der zweite gewesen. Als meine damalige Freundin und ich nämlich eine unserer ersten langen Auto-Touren unternahmen, hatte sie mir ihre aktuelle Neuentdeckung präsentiert: Jim Croce. Es war Liebe vom ersten Lied an, »Operator«. Was für ein toller Songwriter.

Aber jetzt würde ich ihr Iha präsentieren, und dann wären wir wieder gleichauf, dachte ich. Sie würde den genauso toll finden müssen wie ich. Nicht, weil ich das unbedingt wollte, sondern weil es einfach logisch war. Nach einigem Suchen fand ich bei WOM ein Exemplar. Wie alles in der »World of Music« kostete auch diese CD fünf Mark mehr als in der normalen Welt, aber das war mir jetzt egal. Ich brauchte James Ihas Solo-Album, koste es, was es wolle. Und dann fuhr ich zu ihr, unsere neue, gemeinsame Lieblingsplatte im Gepäck.

Bei ihr zu Hause angekommen, erzählte ich sofort aufgeregt, dass ich etwas Neues entdeckt hätte. Sie ließ sich immer schnell von meiner Begeisterung anstecken. Das war diesmal zwar etwas anders, sie wirkte geradezu reserviert für ihre Verhältnisse, aber das fand ich nicht so schlimm. Sobald sie die Platte hörte, wüsste sie sofort, was los war. Das stand fest.

Feierlich holte ich die CD aus meiner Tasche, legte sie in ihre Kompaktanlage ein und drückte auf Start. Schon der Opener »Be Strong Now«: totale Gänsehaut. Ich warf ihr einen »Und, was denkste, super, ne?«-Blick zu, aber sie guckte nur ein bisschen komisch. Es schien ihr zu gefallen, aber irgendwie doch nicht so richtig. Klar: Musik vorspielen ist immer unheimlich kompliziert. Wie spielt man jemandem Musik vor? Man will ja ein Lied oder gleich eine ganze Platte zeigen, die man total super findet, aber es kommt immer irgendwann der Punkt, an dem das Gegenüber anfängt zu reden oder das Interesse zu verlieren. Oder ganz offensichtlich nicht die gleiche Begeisterung wie man selbst zu spüren. Das ist so schlimm. Also, nicht, dass es dem anderen vielleicht nicht gefällt, aber wenn man sich selbst in ein Lied verliebt hat, dann möchte man ja eigentlich, dass sich die engsten Freunde auch alle so sehr in den Song verlieben. Was gibt es denn Schöneres als gemeinsame Lieblingslieder? Klar, Hits sollen das nach Möglichkeit nicht werden, sonst hat man das Lied und die Band nicht mehr »für sich«, sondern muss sie mit ganz vielen Leuten teilen, die sie bestimmt nicht so gut verstehen wie man selbst. Aber man wünscht seiner Lieblingsband andererseits natürlich auch irgendwie einen Hit, damit sie für ihre tolle Musik belohnt werden. Ach, es ist eine Zwickmühle.

Wie gesagt: Musik vorspielen – ganz heikel. Ich habe mir wirklich angewöhnt, wenn mir ein Freund ein Lied vorspielt, ganz genau und konzentriert zuzuhören, weil ich selber weiß, wie doof das ist, wenn die Konzentration eben nicht da ist. Leider wird das öfter mal als Desinteresse interpretiert, was darin endet, dass der Vorspieler weiterskippt, selbst wenn ich es total gut fand! Vermutlich werden alle Menschen auf der Welt einfach damit leben müssen: sich gegenseitig Musik vorspielen bleibt eine der größten Quellen von Missverständnissen der menschlichen Zivilisation. Bumm.

Wir hörten dann noch ein bisschen Metallica (die *Reload*), machten uns Abendessen und saßen gemütlich am Esstisch zusammen. Ich wollte noch mal James Iha auflegen, jetzt so zum Dessert, da könnte man die noch mal ganz in Ruhe auf sich wirken lassen. Aber sie bat mich, die Musik auszulassen. Musik. Auslassen. Es schien ernst.

Und das war es auch. Denn sie machte mit mir Schluss. Ihrer Meinung nach würden unsere Leben auf zwei verschiedenen Ebenen stattfinden, und das wäre zu anstrengend, das würde nicht funktionieren. Überhaupt, wie ich mir das alles vorstellen würde, das hätte doch keinen Sinn. Was man eben so aufschnappt, wenn mit einem Schluss gemacht wird. Wenn so ein Wattetunnel um einen herum entsteht, durch den nur noch Wortfetzen ankommen, ausgelöst von einem einleitenden: »Das mit uns, das hat keinen Sinn mehr«, oder ähnlich schlauen Sätzen. Wir redeten bis spät in die Nacht, weinten und redeten und weinten und redeten. Aber ihr Entschluss stand fest. Ich wollte sofort weg, aber sie sagte, ich solle doch bleiben. Es würde sowieso kein Zug mehr fahren, womit sie recht hatte. Jetzt war ich auch noch bei ihr gefangen. Sie meinte noch, sie würde mich am nächsten Morgen zum Bahnhof fahren. Wir gingen ins Bett, ich wusste nun, dass es das letzte Mal sein würde. Ich legte mich auf meine Seite, ganz an den Rand. Sie aber suchte meine Nähe und legte ihren Arm um mich, so wie immer. Ich habe in dieser Nacht kein Auge zugekriegt. So zu liegen, das war zu krass für mich. Als der Morgen graute, sprang ich sofort auf. Nur weg. Weg und nach Hause. In der Bahn hörte ich dann immer wieder Prefab Sprouts »King Of Rock 'N' Roll« auf meinem Walkman. Und schrieb dazu einen Text. Über sie. Und mich.

Zu Hause angekommen, verzog ich mich direkt heulend in mein Zimmer. Mein Bruder Ralf tröstete mich, so gut es ging, aber es ging halt nicht besonders gut. Ich musste da jetzt erst mal durch, ich musste erst mal leiden. Die Iha-CD warf ich wütend in die Ecke. Und hob sie später vorsichtig wieder auf. Sie konnte ja nichts dafür.

Die Jahre zogen ins Land, die Ex lebte ihr Leben, ich meins.

Wir verloren uns komplett aus den Augen (und das fand ich auch gar nicht so schlimm). Ich konnte die CD wieder hören, ohne dabei an sie zu denken. Und als ich eine neue Freundin hatte und ihr ein Tape machte, packte ich den wunderschönen Song »No One's Gonna Hurt You« von dem Album mit drauf. Und wir sangen ihn im Auto, bei endlosen Fahrten durch die Welt. Wir sangen lauthals mit. Und James Iha war wieder frei, war zu etwas Neuem geworden, etwas sehr Gutem. Er war wieder zu Liebe geworden. Das ist bestimmt die stärkste Qualität, die sein Solo-Album hat.

Musik zum Text:

»Honey« aus *Siamese Dream* – Smashing Pumpkins
»Blaue Augen« aus *Ideal* – Ideal
»See The Sun« aus *Let It Come Down* – James Iha
»The Memory Remains« aus *Reload* – Metallica
»The King Of Rock 'N' Roll« aus *From Langley Park To Memphis* – Prefab Sprout
»No One's Gonna Hurt You« aus *Let It Come Down* – James Iha

Das ungelöste Mysterium um »Giorgio und ich«

Eine Zeit lang galten Schlager mal als »cool«. Sie sind es nicht mehr, ach, und wenn wir mal ganz ehrlich sind, waren sie es in Wirklichkeit doch nie. Damals aber, Anfang der 90er, hatte es etwas Exotisches, sie zu hören. Und wenn man dann auch noch eines der wöchentlichen, magischen Guildo-Horn-Konzerte im Kölner Luxor besuchte, war es schnell um einen geschehen, denn was hier zelebriert wurde, erinnerte an einen Gospel-Gottesdienst, nur eben mit Roy Black statt mit Roy Ayers.

So stand auch ich im aufeinander eingespielten, augenzwinkernden Publikum und war begeistert vom Nussecken-Clown aus Trier mit seiner Band Die orthopädischen Strümpfe. Hey, es waren die frühen Neunziger – da durften wir so was noch!

Auf jeden Fall hat Guildo Horn dafür gesorgt, dass ich mich genauer mit dem Paralleluniversum »Schlager« auseinandersetzte. Und ich war Grunger, wohlgemerkt. Normalerweise würde man ja zuerst bei seinen Eltern ansetzen, aber meine hatten geradezu eine Aversion gegen die Roland Kaisers und Howard Carpendales dieser Welt, also würde ich meinen Stoff woanders beschaffen müssen.

Unsere Putzfrau war sichtlich überrascht, als der 16-jährige Spross der Familie sie fragte, ob sie ihm eine Kassette aufnehmen könne, er habe da ein paar Liedwünsche. Aber natürlich war sie auch geschmeichelt und ein wenig stolz. Und so hatte ich schnell mein neues Lieblings-Tape mit solchen Knallern wie »Du« von Peter Orloff, mit Fred Bertelsmanns »Der lachende Vagabund«, »Schön ist es auf der Welt zu sein« von Roy Black und Anita oder »Am Tag, als Conny Kramer starb« von Juliane Werding. Und natürlich »Mendocino« und »Baby, du bist nicht alleine« von Michael Holm.

Während ich die ersten Stücke noch, wenn auch mit viel Ironie, lustig finden konnte, war es mit Holm anders. Da kam etwas Neues dazu: Die Songs waren *wirklich* gut. Das musste ich mir eingestehen. Verdammt, war ich jetzt Schlagerfuzzi?

Gut, musikalische Informationen waren zu der Zeit rar gesät. Man holte sie sich aus Fachzeitschriften oder von dem Engländer an der Musiktheke im Saturn, der immer nur ehrfurchtsvoll »Der Engländer« genannt wurde und von dem man sich die Legende erzählte, er würde jede Platte in damals laut Eigenaussage »Europas größtem Plattenladen« kennen und mindestens einmal hören, bevor sie ins Regal geräumt würde. Aber auch ihn hätte man nicht nach Schlagern fragen können.

Mir war nicht bewusst, dass die großen Holm-Hits allesamt Cover englischsprachiger Hits waren. Im Nachhinein erklärt es aber, warum sie mich begeisterten. Perfekter Pop eben. Lobos »I'd Love You To Want Me« wurde zu »Baby, du bist nicht alleine« oder David McWilliams' »The Days Of Pearly Spencer« (in den 80ern auch noch ganz gut von Marc Almond gecovert) wurde zu »Am Start war Pearly Spencer«. Irgendwie hatte Michael Holm ein Gespür für die richtigen Nummern. Zumindest, um mich zu begeistern.

Die Schlagerwelle ebbte auch wieder ab. Spätestens, als in Hamburg zum »Schlager-Move« aufgerufen wurde, wusste man: Das Ding ist totgenudelt. Doch dann fiel mir eines Tages auf einem Flohmarkt eine Platte mit dem Titel *Stories* in die Hände: *cheesy* Fotocover mit einem lächelnden Michael Holm, rosa eingerahmt und ein bisschen nach dem Zufallsprinzip bemalt. Aber alles leicht hippiesk-romantisch. Ach komm, dachte ich, für 'ne Mark kannst du die schon mal mitnehmen. »Pearly Spencer« war drauf, »Baby, du bist nicht alleine« auch, und der Opener war ein seltsames Steely-Dan-Cover mit dem Titel »Black Jack (Do It Again)«.

Ich ließ die Platte dann manchmal zu Hause laufen, wenn ich irgendwas zu tun hatte, zum Beispiel Videospiele spielen oder ähnlich wichtige Beschäftigungen, zu denen man Musik im Hintergrund laufen lassen konnte. Und dann hörte ich plötzlich diese Streicher, zusammen mit einem Moog-Synthesizer. Diese epische Melodie.

Diese epischen Chöre.

Und dann der Text:

Giorgio und ich, wir waren Freunde/Durch dick und dünn, was auch geschah
Giorgio und ich, wir waren beide/Verliebt in sie, am selben Tag

Wir gingen vorbei, ein Tisch war noch frei,
Im Straßencafé, ganz in ihrer Näh
Da sah sie sich um, ich weiß nicht, warum

Es fiel nicht ein Wort, ich spürte sofort:
Ich seh das Gesicht, das alles zerbricht
Denn er liebte sie, genauso wie ich

Ohhhh … Giorgio und ich
Ohhhh … Giorgio und ich
Uhhhh … Giorgio und ich
Hey, Giorgio und ich

Giorgio und ich, wir trennten uns für immer/Die Welt ist groß, ich blieb allein
Er ging mit ihr, ich hatte schnell verloren/Doch einer muss der Letzte sein

Man hat mir gesagt, sie ist in der Stadt
Und fragte nach mir, da ging ich zu ihr
Und sie wartete schon, im blauen Salon

Sie schaute mich an und sagte mir dann,
Dass in einer Nacht die Liebe zerbrach
Jetzt ist sie bei mir, ich kann nichts dafür

Ohhhh … Giorgio und ich
Ohhhh … Giorgio und ich
Uhhhh … Giorgio und ich
Hey, Giorgio und ich

Dieser große Streicher-Break, bevor das Lied noch mal richtig Fahrt aufnimmt mit einem letzten Refrain und einem Finale mit Chor und Orchesterpower: Es ist eines der unglaublichsten deutschsprachigen Lieder, die jemals geschrieben wurden.

Der Song hat mich irritiert, ich musste also handeln. Ich brauchte mehr Informationen darüber. Darum tat ich, was ich in so einer Situation immer tat: Ich suchte das Cover nach Hinweisen ab. Das war aber nicht sehr ergiebig. Manchmal schreiben Musiker ja »geheime« Botschaften in die Dankesgrüße, die sich mit minimalster Kombinationsgabe entschlüsseln lassen, aber davon war hier nichts zu entdecken.

Klar war natürlich: Giorgio, das musste Giorgio Moroder sein, mit dem Holm lange zusammengearbeitet hatte. Und auch auf *Stories* hat Moroder bei einigen Songs mitgewirkt. Nur bei »Giorgio und ich« nicht. Das war der einzige Song auf dem Album, der komplett von Holm allein geschrieben und komponiert war. Ich war hier etwas ganz Großem auf der Spur.

Der Text ist seltsam konkret, wie man es vom Schlager nicht kennt. Wie ich es eigentlich nur von ganz wenigen Liedern kenne. Eine konkrete Geschichte. Aber war das Lied jetzt Rache oder Entschuldigung? Und was war, künstlerische Freiheit mal abgezogen, nun *wirklich* passiert? Wie kann man eine Zeile wie »Jetzt ist sie bei mir, ich kann nichts dafür« erklären?

Und vor allem: Wenn mir all diese Fragen beantwortet werden, hat das Lied dann immer noch diesen Zauber?

Musik zum Text:

»Du« aus *Das Beste von Peter Orloff* – Peter Orloff
»Der lachende Vagabund« aus *Der lachende Vagabund* – Fred Bertelmann
»Schön ist es, auf der Welt zu sein« aus *Schön ist es, auf der Welt zu sein* – Roy Black und Anita
»Am Tag, als Conny Kramer starb« aus *In tiefer Trauer* – Juliane Werding
»Mendocino« aus *Auf der Straße nach Mendocino* – Michael Holm
»Baby, du bist nicht alleine« aus *Stories* – Michael Holm
»I'd Love You To Want Me« aus *Of A Simple Man* – Lobo
»The Days Of Pearly Spencer« aus *David McWilliams, Vol. 2* – David McWilliams
»The Days Of Pearly Spencer« aus *Tenement Symphony* – Marc Almond
»Am Start war Pearly Spencer« aus *Stories* – Michael Holm
»Black Jack (Do It Again)« aus *Stories* – Michael Holm
»Do It Again« aus *Can't Buy A Thrill* – Steely Dan
»Giorgio und ich« aus *Stories* – Michael Holm

Gitarren

Ich bin evangelisch. Das hatte den Vorteil, dass ich konfirmiert wurde und im Gegensatz zu meinen katholischen Freunden, die zur Kommunion gingen, bei meinem kirchlichen Fest schon etwas älter war. Ich war natürlich ein bisschen neidisch, dass die schon früher ein so cooles Fest feiern durften und schon Masters-of-the-Universe-Figuren und Mask-Spielzeug geschenkt bekamen, während ich noch warten musste. Aber philosophisch betrachtet war es natürlich viel interessanter, einen älteren jungen Menschen mit der Kirche in Berührung zu bringen. Ein gutes Jahr lang ging ich zum Konfirmationsunterricht unserer ziemlich liberalen Pfarrerin Frau Müller. Und wäre einmal fast im hohen Bogen rausgeflogen, weil ich in einer Unterrichtsstunde fragte, ob die Bibel nicht auch so eine Art *Märchen aus 1001 Nacht* sein könnte, mit Geschichten, die man sich damals eben so erzählt hat. Ich wollte das wirklich wissen, aber das ist vielleicht nicht die Art von Frage, die man einer Pfarrerin im Konfirmationsunterricht stellen sollte. Das zumindest habe ich dabei gelernt.

Ansonsten lief aber alles glatt. Ich war sowieso schon häufiger Gast der Kirche, weil wir da donnerstags immer CVJM-Treffen hatten, die gern mal daraus bestanden, dass unsere Jugendbetreuer in die Videothek gingen und Filme ausliehen, die wir dann zusammen guckten. Hier habe ich zum ersten Mal *Zum Teufel mit den Kohlen* mit Richard Pryor und John Candy gesehen, ein absolut genialer Film über einen armen Schlucker, der ein unfassbar großes Erbe antreten kann, aber nur, wenn er es schafft, innerhalb von ein paar Tagen eine große Summe Geld auszugeben, ohne am Ende etwas davon übrig zu haben. Ein Film, der uns aufgezeigt hat, wie viel Spaß der Kapitalismus machen kann, und daneben bestimmt auch irgendeine christliche Botschaft hatte. Außerdem waren die Jugendfreizeiten vom CVJM auch immer allererste Sahne. Eine Woche mit dem Hausboot durch Holland oder zwei Wochen Dänemark. Immer eine gute Wahl. Bei der Hollandrundreise habe ich mir in einem Plattenladen ein Tape mit vier unbekannten holländischen Punk-Bands gekauft. Das war der Soundtrack meines Urlaubs. Aber ich bin schon wieder viel zu weit abgedriftet. Zurück in die Vergangenheit, zurück zur Konfirmation.

Es gab ein rauschendes Fest inklusive Buttercremetorte, die ich damals sehr liebte. Alle Verwandten kamen und überreichten mir Umschläge, Umschläge, ein paar kleine Geschenke und noch mehr Umschläge. Ich möchte wissen, welches Kind da keine Dollarzeichen in den Augen kriegt. Allerdings bekam ich auch ein Geschenk von meinen Eltern, ein ganz wichtiges. Ein Geschenk, das meinen Übergang in eine erwachsenere Phase meines Lebens illustrieren sollte. Eines der wichtigsten Geschenke, die ich jemals bekommen habe: meine erste eigene Stereoanlage.

Es war eine Kompaktanlage von Sony. Mit Plattenspieler. Und Doppelkassettendeck. Und Radio. Also alles dran. Adé Kinderplattenspieler! Jetzt konnte ich endlich ernsthaft Musik hören, und zwar in ernsthafter Lautstärke. Ich freute mich total und baute die Anlage sofort auf (drei Kabel hinten rein, Stecker in die Steckdose), direkt im Wohnzimmer bei der Festgesellschaft. Mein ältester Bruder Ralf ging mit den Worten »Warte, ich hol mal was, um die zu testen« in sein Zimmer. Und kam mit der für eine Konfirmationsfeier vermutlich passendsten Platte aller Zeiten wieder: AC/DCs *Highway To Hell*. Ich kannte das Cover, ich kannte die Cover aller Platten meines Bruders. Ich guckte mir die immer an, wenn er nicht da war. Aber gehört hatte ich sie nie. Weil ich nicht an den Plattenspieler durfte. Das war jetzt anders. Jetzt würde sich alles ändern. Und er brachte mir seine Platten sogar!

Supertrockenes Instrumental, das auch mit einer alleinstehenden Gitarre startet (anscheinend habe ich dafür ein gewisses Faible), die dann aber den ganzen Song über sehr trocken und klar bleibt. Der Rotz, der Dreck, das Wilde kommt vor allem durch Bon Scotts Säufergesang, der hier den Höhepunkt einer unerreichten Qualität feierte. Wie könnte einen diese Platte nicht packen, wie könnte sie einen nicht sofort in ihren Bann ziehen, wenn man sie zum ersten Mal hört? Ich hätte sie die ganze Zeit weiterhören können, musste mich aber geschlagen geben und einsehen, dass die »Autobahn zur Hölle« eben nicht der Soundtrack einer Konfirmationsfeier ist. Aber das war der Moment, ab dem ich an die Gitarre verloren ging. Es gab kein Zurück mehr.

Mein Weg führte nun über schlechte AC/DC-Folge-Alben wie *Fly On The Wall* (nach dem man wirklich nicht suchen muss, wenn man es nicht kennt), großartige Kühl-Pop-Alben wie *Der Ernst des Lebens* von Ideal über fröhliche Working-Class-Helden wie die Housemartins mit ihrem *The People Who Grinned Themselves To Death*-Album zu einer der wichtigsten Gitarrenplatten aller Zeiten.

Ich hatte Französisch in der Schule als Wahlsprache genommen und auch ein wenig Spaß daran gefunden. Mein Vater spricht fließend Französisch, meine Schwester war sogar ein Jahr Au-pair in Frankreich – eine gewisse Affinität lag also durchaus in der Familie. Nun hatte ich auch die lustigste Lehrerin unserer Schule in diesem Fach, war aber gerade mitten in der Pubertät gelandet. Ein Zustand, der mein schulisches Interesse auf ein Minimum reduzierte. Ich hatte zwar Bock, die Sprache zu lernen, aber keinen Bock zu lernen. Und das war nur einer der vielen Kämpfe, die ich mit mir selbst auszutragen hatte. Meine Eltern wollten mich aber ermutigen, an Französisch dranzubleiben, und deswegen hatte ich in diesen Sommerferien zwei sehr besondere Wochen: Ich fuhr allein zu einer befreundeten französischen Familie, die in der Nähe von Paris lebte und einen Sohn in meinem Alter hatte. Nun war ich vielleicht nicht das mutigste Kind auf der Welt, aber ohne Eltern in den Urlaub fahren konnte ich ganz gut. Ich war in der Fremde ziemlich unerschrocken.

Mein Französisch war ein schlechter Witz. Ich unterhielt mich mehr in internationaler »Body Language«. In der Familie wurde auch schnell klar, dass ich viel mehr mit der älteren Schwester auf einer Wellenlänge lag als mit Thomas (sprich: Tomá), vor allem musikalisch. Wir saßen ständig im Zimmer der Schwester und hörten das neue Mano-Negra-Album, das gerade rausgekommen und der absolute Shizznet war, vor allem wegen dem äußerst eingängigen Song »King Of Bongo« (später auch noch ein Riesenhit aus der Solophase von Mano-Negra-Gründer Manu Chao).

Tagsüber aber musste die Schwester zur Schule, und das Aupair-Mädchen der Familie hatte den Auftrag, sich um Thomas und mich zu kümmern, und das tat sie, indem sie mit uns jeden Tag eine andere Pariser Sehenswürdigkeit besuchte. Ein ziemlich toller Urlaub. Ich habe mich ins Centre Pompidou verliebt, unglaublichen Spaß im Wissenschaftsmuseum gehabt und über die Schlange vor dem Louvre gestaunt.

Am vorletzten Tag war es dann so weit. Die großartigste Attraktion meines Paris-Aufenthalts stand auf dem Plan: *marché aux puces*. Der Flohmarkt. Ein großer Stand mit Schallplatten. Und da hing die eine Platte, von der ich wusste, dass jetzt die Zeit reif war, um sie zu besitzen: *Never Mind The Bollocks – Here's The Sex Pistols*.

Ich hatte ein generelles Interesse an Punk, natürlich, wie

sollte es einem Ärzte-Fan auch anders gehen. Und ich wusste auch, dass mit dieser Platte alles angefangen hat. Ich kratzte mein letztes Urlaubsgeld zusammen und bezahlte die paar Francs für die Platte mit dem quietschgelben Cover. Bei Thomas zu Hause gab's gar keinen Plattenspieler (oder niemand wollte mich die Platte da hören lassen), aber das war mir völlig egal. Ich guckte mir einfach Cover und Sleeve genau an, bis ich zwei Tage später nach Hause fuhr. Dort angekommen, habe ich die schmutzigen Klamotten achtlos aus der Tasche gerissen, wie ein Schatzsucher habe ich in der Tasche gewühlt, die Platte herausgezogen und mit zittrigen Fingern aufgelegt. Sie startete mit einem Marschgeräusch, dann setzte auch schon die Gitarre ein. Endlich! Punk!

Okay. Ich hatte mittlerweile alle Texte bestimmt fünfzig Mal gelesen, war im Bilde darüber, wer produziert und wer die Songs geschrieben hatte, kannte die Tracklist auswendig. Zwei Tage lang ein Cover anzustarren, reicht aus, um die Erwartungen ziemlich hochzuschrauben. Aber die Platte war total hingerotzt, Rotten war kein Sänger, er versuchte es nicht mal. Die Songs waren gut, aber auch spürbar alt. Ich hörte mir die Platte ganz oft an, weil ich mir ihrer historischen Bedeutung bewusst war. Aber ganz ehrlich: Ich spürte nichts. Das klang so langweilig. Oder vielleicht nicht langweilig, aber so uninteressant irgendwie. Und es hatte auch nicht so einen Druck wie ein »Touch Too Much« aus Australien. Ich glaube, ich hörte mit dieser Platte meine erste richtige musikalische Enttäuschung. Ein Album, das alle Welt als Standardwerk ausruft, und mich konnte es nicht umhauen! Stimmte etwas nicht mit mir? Ich würde diese Nichtregung zur Sicherheit erst mal für mich behalten, beschloss ich. Und habe das bis jetzt getan.

Uff. Was für ein Geständnis. Wenn das mal kein Skandal ist.

Musik zum Text:

»Highway To Hell« aus *Highway To Hell* – AC/DC
»Immer frei« aus *Der Ernst des Lebens* – Ideal
»Me And The Farmer« aus *The People Who Grinned Themselves To Death* – The Housemartins
»King Of Bongo« aus *King Of Bongo* – Mano Negra
»Pretty Vacant« aus *Never Mind The Bollocks* – Sex Pistols
»Touch Too much« aus *Highway To Hell* – AC/DC

Michael Jackson

Ganz schlimm finde ich ja diese »Wir haben noch Barbapapa geguckt und uns schmutzig gemacht«-Nostalgie, unter deren schwerem Mantel sich die Menschen einreden, dass früher eben doch das meiste besser war und wir deshalb alle zu so glücklichen Menschen geworden sind, im Gegensatz zu der Generation, die heute so alt ist wie wir damals, die sind alle verloren. Kurz: Alles klingt wie bei den eigenen Eltern. Und das sind dann die Leute, die eigentlich alles anders machen wollten. Welche Ironie. Reicht auf jeden Fall, um mich zum Kichern zu bringen.

Ich muss jetzt allerdings selber mal etwas schreiben, was schnell auch den Verdacht wecken könnte, in die gleiche Kerbe zu hauen. Sollte das so sein, so bitte ich den geneigten Leser, mich das so schnell wie möglich wissen zu lassen. Nicht, dass ich dann an diesem Buch noch etwas ändern könnte, aber vielleicht tappe ich dann nicht noch mal in dieselbe Falle. Denn:

Ich bin ein *Formel Eins*-Kind. Das war meine erste bewusste Berührung mit der Wunderwelt Pop. Auch wenn ich das meistens nicht gucken durfte, weil es (in der ersten Inkarnation auf den dritten Programmen) viel zu spät kam, und ich meine Geschwister mit Fragen löchern musste, was denn da zu sehen war, oder mich gleich an einem Punkt in unserem Haus versteckt habe, von dem aus ich einen perfekten Blick auf den Fernseher hatte, aber keinen Mucks machen durfte, weil ich sonst entdeckt und sofort ins Bett geschickt wurde (was eigentlich immer passierte).

Trotzdem kam es natürlich vor, dass ich krank war oder wir Ferien hatten und die Argumentation, dass ich ins Bett müsse, nicht mehr griff. Dann durfte ich die Sendung auch ganz »legal«

gucken. Das war das Allerbeste. Ich fühlte mich total mit der Welt des Pop verbunden. Auch dass die da dieses Auto Sendung für Sendung weiter auseinandernahmen, um die Einzelteile als Preise zu überreichen, das fand ich extrem cool. Peter Illmann, Ingolf Lück (über dessen Sprüche sich meine Geschwister kaputtgelacht haben, ich also auch), Stefanie Tücking, Kai Böcking (der später mit der Sendung samstagnachmittags lief) und natürlich der Zeichentrickhund »Teasy«. Den *Formel Eins Film* habe ich jedes Mal geguckt, wenn er im Fernsehen lief, und ich hatte sogar das *Formel Eins*-Buch. Ein Buch für Fans, in dem alles Mögliche über die Sendung stand. Das habe ich immer wieder aus dem Regal genommen und durchgeblättert.

Wie dem auch sei, eines Abends war es wieder einmal so weit und ich durfte die Sendung gucken. Ich freute mich über Musical Youth mit »Pass The Dutchie« oder Culture Club mit »Do You Really Want To Hurt Me«. Zu der Zeit war auch Eddie Grant mit »I Don't Wanna Dance« in den Charts. (Was war das denn eigentlich für eine seltsame Reggae-Pophit-Ära?) Ich sah Captain Sensible mit »Wot« und natürlich Nena mit ihren »99 Luftballons«. Ein tolles Lied für einen Sechsjährigen. Aber dann, dann kam das Video, das alles veränderte:

Ein junger Typ geht durch eine seltsam ausgestorbene, fast apokalyptisch wirkende Gegend und wird dabei verfolgt. Und auf einmal leuchten die Gehwegplatten unter seinen Schritten auf. Nur durch seine Berührung!

So. Man sieht ja viele Musikvideos in seinem Leben, die man toll, großartig, lustig, verrückt, beknackt, spannend, legendär, verstörend, grottig, mitreißend oder aufregend findet, aber Videos, die das eigene Leben verändern, davon sieht man nur eine Handvoll. Dieses hier war eines davon.

Natürlich stelle ich mir auch heute noch die Frage, ob es nur das Video war, das mich so verzaubert hat, oder auch der Song.

Keine Frage, »Billie Jean« ist ein Knaller von einem Popsong, vielleicht sogar der perfekteste der Welt. Aber erreicht der auch einen sechsjährigen Jungen?

Ein Jahr später. Aus dem sechsjährigen Jungen war mittlerweile ein siebenjähriger Mann geworden. Der manchmal mitkommen musste, um seine Oma zu besuchen, die in dieselbe Stadt gezogen war. Meine Oma hat mir immer fünf Mark zugesteckt, wenn ich sie mal mit besuchen kam. Und an diesem einen Tag bin ich aus ihrer Wohnung raus, die Straße hoch und nach fünfzig Metern in den Plattenladen gegangen, wo ich dem Verkäufer stolz den Heiermann hingehalten und auf die Michael-Jackson-Single gezeigt habe. Die wollte ich haben. »Thriller«. Es wurde viel über das Video gemunkelt, bei *Formel Eins* immer in eher kryptischer Weise darüber berichtet. Die Single hab ich mir also mehr oder weniger »blind« gekauft. Aber sie konnte ja nicht schlecht sein. Es war Michael Jackson, der Typ, der Bodenplatten zum Leuchten brachte, und »Billie Jean« war auch schon cool gewesen, und außerdem sah der auf dem Cover so nett und freundlich aus, im gelben Hemd mit passender Fliege vor rosa Hintergrund. Zu Hause habe ich die Platte auf meinem Plattenspieler, in dessen Deckel der Lautsprecher eingelassen war, aufgelegt. Türknarzen, Schritte, Donner, Wolfsgeheul: Was war denn jetzt los? Ein Bass wie aus der Gruft, Fanfaren vom Friedhof und dazu ein Beat, der Tote tanzen lassen würde. Ich war in einer Horror-Show gelandet. Und zwar in der besten Horror-Show, die sich ein kleiner Junge vorstellen kann. Ab diesem Moment lief kein anderes Lied mehr in meinem Zimmer (und ich sang lauthals »Diller!« mit). Manchmal vielleicht noch die B-Seite, seltsamerweise der Song »Things I Do For You« vom Album *Live*, der aber eigentlich eine »Jacksons«-Nummer war. Vielleicht waren ihm auch einfach nur die B-Seiten ausgegangen. Denn »Thriller« war immerhin schon die siebte (!!!) Single-Auskopplung aus, nun ja, *Thriller*. Mir war das sowieso egal. Ich hörte das Lied und fand das Lachen am Ende so unglaublich cool. Manchmal habe ich das ganze Stück nur wegen des Lachens gehört. Klar, ich hätte die Nadel auch einfach nur auf das Lachen setzen können, aber ich habe schnell bemerkt, dass es seine ganze Wirkung nur entfaltete, wenn man den kompletten Song hörte. Sonst kam es einfach nicht so gut.

Nach einem Jahr mit sehr viel *Drei ???* und »Thriller« aus meinem Zimmer hatten meine Geschwister ein Einsehen (und eine Anlage, mit der sie sich Platten auf Kassette überspielen konnten) und schenkten mir zu Weihnachten endlich das Album mit dem tollen Klappcover, auf dem Michael Jackson liegt und mit einem Babytiger spielt. Und er sah dabei so cool aus.

Es war Liebe auf den ersten Durchlauf: Es wundert mich bis heute nicht, dass dieses Album das erfolgreichste aller Zeiten ist, denn es ist in jeder Hinsicht perfekt. Perfektes Artwork, perfektes Songwriting, perfekte Performance, perfekte Videos und mit dem Moonwalk sogar ein perfekter *Signature Move*. Unter keinen Umständen hätte diese Platte zu dieser Zeit kein Hit werden können. Da stimmte einfach alles. Schnell hatte ich mein Lieblingslied gefunden: »The Girl Is Mine« fand ich irgendwie witzig, weil das ja die ganze Zeit so ein Gespräch ist, und ich mochte die Melodie und das, was ich von der Geschichte verstand. Außerdem waren auf dem Innencover zwei selbstgemalte Bilder von Michael Jackson. Das eine war eine Karikatur zu »Thriller«, dem Song, an dem ich mich nun allmählich sattgehört hatte, weil die Single ein Jahr lang bei mir auf Dauerrotation gelaufen war. Und das andere Bild war zu »The Girl Is Mine« und zeigte, wie MJ und Paul McCartney links und rechts an einer Frau zerren, die ein wenig wie die Olivia von Popeye aussieht. Das war wirklich lustig. So wie das Lied. Ich habe den Song rauf und runter gehört. Vermutlich zählt deswegen noch heute »*I'm a lover, not a fighter*« zu meinen Credos. Das sagt Michael in dem Song nämlich zu Paul, um ihn davon zu überzeugen, von seinem Schwarm abzulassen (was für eine dämliche Strategie eigentlich …).

03.07.1988
Mein Vater hat mir VIP-Tickets besorgt. Für das Müngersdorfer Stadion in Köln. Dort wird Michael Jackson auf der *Bad*-Tour Halt machen. Die *Bad* hatte ich selbst schon gar nicht mehr, aber mein bester Freund Waldi hatte sie, und wir haben sie immer bei ihm gehört. Vor allem natürlich »Man In The Mirror«, den Überhit der Platte. Und »Dirty Diana«. Aber mein musikalischer Horizont hatte sich in der Zwischenzeit auch erweitert. Ich hörte nicht mehr nur Michael Jackson. Ich war mit solchen Platten wie *Word Up* von Cameo oder *The People Who Grinned Themselves To Death* von den Housemartins (alles Geschenke meiner Geschwister) weitergezogen. Außerdem konnte ich mit dem »Bad«-Video nicht so richtig viel anfangen (das ja übrigens von Martin Scorsese ist, aber das sagte mir damals erst recht nichts). Das war böse und mit Gangs und so. Nicht meine Welt. Auch diese ganze Schwarz-Weiß-Ästhetik fand ich schwierig. Dazu kam noch, dass Michael Jackson allmählich öfter parodiert als ernst genommen wurde. Ach, ich war einfach ein schlechter Fan.

Mein Bruder Guido ging mit mir zum Konzert. Wir suchten erst mal den Eingang, durch den wir mit unseren Spezial-Tickets überhaupt reinkamen (noch heute glaube ich, dass wir damit auch Zutritt zu einer wie auch immer gearteten VIP-Lounge gehabt hätten, aber das haben wir nicht gecheckt). Dann der *Opening Act*: Kim Wilde. Ich habe keine Ahnung, warum, aber als Kind fand ich die immer irgendwie unheimlich. Gut, bei Tageslicht auf einer riesigen Bühne im Sommer reduzierte sich der

Gruselfaktor von Kim Wilde auf ein Minimum, aber doof fand ich sie trotzdem. Na ja, »Kids In America« war schon ganz cool und »Keep Me Hanging On« auch, aber die Performerin gefiel mir einfach nicht. Doch ich ließ ihr Konzert gnädig über mich ergehen. Was hätte ich auch für eine Alternative gehabt?

Irgendwann war Frau Wilde endlich fertig, und das große Warten begann. Ich weiß nicht mehr, wie lange es dauerte. Wahrscheinlich nur eine halbe Stunde, aber es kam mir vor wie eine kleine Ewigkeit. Und dann ging es plötzlich los: »Wanna Be Startin' Somethin'«, ein Lied, das ich supergerne hörte. Und das live noch ungefähr sieben Millionen Mal schneller war als auf Platte, und da war das schon ein Uptempo-Song!

Das Konzert war mein erstes richtiges, großes Konzert und absolut toll. Danach war ich selig. Bei »Dirty Diana« hatten die Haare der Gitarristin geleuchtet, bei irgendeiner Ballade hatte er ein kleines Mädchen auf die Bühne geholt, und ich war neidisch gewesen, dass ich nicht das Kind auf der Bühne war. Und es waren bestimmt genauso viele Songs von der geliebten *Thriller* gekommen wie von *Bad*. Mein Fan-Herz war wieder ein bisschen mehr entflammt. In den Tagen danach hörte ich wieder vermehrt Michael Jackson und dachte an das Super-Konzert zurück, bei dem er sich sogar mit einem Zaubertrick von der Bühne wegzaubern ließ. Der absolute Wahnsinn. Zwischendurch hatte ich mir nur gewünscht, unten in der Menge zu stehen und näher dran zu sein, als auf dem Rang zu sitzen. Andererseits: Da hätte ich vermutlich gar nichts gesehen und wäre zerquetscht worden oder hätte zumindest meinen Bruder verloren.

Drei Jahre später. 1991. Ich war mittlerweile 14 und superpubertär. Und nichts war uncooler, als Michael Jackson gut zu finden, vor allem wenn man vorgab, Punk zu sein, so wie ich. Aber dann kam die Botschaft eines neuen Albums meines alten Stars, und ich horchte auf. Die Musik fand ich früher so gut, das Konzert war so toll, ich würde es vielleicht nicht zugeben müssen, aber eventuell hätte die neue Platte ja doch noch das Potenzial, mich zu berühren. Eine Chance musste ich ihr auf jeden Fall geben.

Das Video war eine Sensation: In »Black Or White« spielte sogar »Kevin«-Darsteller Macaulay Culkin mit! Und dann dieser unfassbar coole Morphing-Effekt am Ende des Clips: Hier hat Jackson wieder den Trumpf ausgespielt, für den er so bekannt war und geliebt wurde. Sensationelle, noch nie da gewesene Musikvideos. Das Format immer noch ein bisschen mehr auslotend. Es war wirklich unglaublich, das zum ersten Mal zu sehen. Aber, ach. Das Lied war schon nur noch semi-spannend. Ich hatte keine Ahnung von Produzenten, deswegen wusste ich nicht, dass es sich um das erste Album *ohne* Quincy Jones' wunderbare Produzentenhand handelte, und wenn ich es gewusst hätte, wäre mir vielleicht die Tragweite dessen nicht bewusst gewesen, aber ich hatte Ohren, um zu hören. Und was ich hörte, machte mich in keiner Weise an. »Remember The Time« – langweilig. »Jam« – langweilig. »Heal The World« – laaaaangweilig. Vielleicht hatten wir uns entfremdet. Vielleicht lag es daran, dass mir Gitarrenmusik immer mehr bedeutete. Vielleicht war Michael Jackson aber auch einfach nur belangloser geworden. Heute tendiere ich zu letzterer Variante. Die Lieder hatten keinen Biss mehr, waren nicht mehr zwingend. Ein »Liberian Girl« hatte tausend Mal mehr Sex als ein »Remember The Time«, egal, wer da im Video rumhüpfte, und auch egal, dass Sex in Songs zu der Zeit höchstens unbewusst eine Rolle für mich spielte. *Dangerous* war der Beginn des Untergangs. Alles um Michael Jackson herum begann moderner zu klingen, verrückter, mutiger, wilder. Madonna veröffentlichte mit *Erotica* vielleicht kein

Meisterwerk, bewies aber, dass sie ihre Bereitschaft zur persönlichen Neuerfindung problemlos bis an die Schmerzgrenze treiben konnte (und sogar darüber hinaus). Das wurde selbst mir klar. Zwischen all den Stars, die sich ständig neu definierten, die immer in Bewegung waren, wirkte Jackson wie ein Anachronismus. Total out. Nicht mehr am Puls der Zeit. Visuell ja, aber musikalisch nicht. Und es wurde noch schlimmer.

HIStory war für mich nur noch gaga. Als PR-Aktion ließ Michael Jackson weltweit überlebensgroße Statuen von sich selbst vor irgendwelchen Plattenläden aufstellen. Ich war mittlerweile Moderator beim Musikfernsehen und Nirvana-Fan. Für so einen Personenkult, auch noch von der vermeintlichen Kult-Person selbst initiiert, fehlte mir jetzt jedes Verständnis. Wir haben uns auseinandergelebt, der Michael und ich. Das Wortspiel als Album-Titel fand ich auch ganz aua, und die Lieder nervten mich alle. »Scream« war mir zu sehr 90er-Funk, bei »You Are Not Alone« sind mir die Füße eingeschlafen, und der »Earth Song« war ja wohl ein schlechter Witz. Eine Kopie von »Heal The World«. Das ja schon das schlechtere »Man In The Mirror« gewesen war. »They Don't Care About Us« berührte mich null, und »Stranger In Moscow« schien mir eine Milliarde Jahre zu spät zu kommen. Nein, Herr Jackson, das hier war der Gnadenstoß. Ich konnte ihn als Künstler nicht mehr ernst nehmen, für mich hatte sich Michael Jackson komplett selbst dekonstruiert und seinen Mythos gleich mit. Dazu kam natürlich noch die Nervpresse, die seit 1993 nur noch über den angeblichen Missbrauchsskandal schrieb, den ich bis heute irgendwie nicht richtig einordnen kann. Michael Jackson war nur noch ein Freak, der so wirkte, als würde er in der Öffentlichkeit Schattenboxen beteiben und dabei die ganze Zeit »Kommt doch her, kommt doch her!« brüllen. Dazu noch diese ganzen komischen Eheversuche. Mit der Tochter von Elvis! Mit dem Kindermädchen!

Das war alles so schräg, so abgehoben – das passte kein bisschen in die Zeit. Michael Jackson war nur noch eine Witzfigur. Und so zog er sich allmählich immer mehr zurück. Und ich dachte immer weniger und weniger an ihn.

Die Jahre zogen ins Land. Ich war nicht mehr beim Musikfernsehen, aber gerade frisch Vater geworden. Und während ich so mit dem Baby auf dem Sofa saß, lief im Fernsehen »You Rock My World«, eine nagelneue Single von Michael Jackson. Ich war schon länger kein Musikhörer mehr, der noch groß in Lagern oder Genres dachte. Ich sah den Clip, fand den Song okay und dachte: Die Platte holst du dir. Auf die alten Zeiten. Irgendwie muss man sich eine Michael-Jackson-Platte doch kaufen, wenn eine neue erscheint. Das bin ich schon meinem sechsjährigen Ich schuldig. Und als frischgebackener Vater ist man eh sehr sentimental. Also kaufte ich mir die CD, die, wie ich gehört hatte, schon gar nicht mehr promotet wurde, weil Jackson Knatsch mit der Plattenfirma hatte. Warum haben eigentlich fast alle Stars irgendwann so existenziellen Ärger mit ihren Labels? Prince, der sich deswegen jahrelang nur noch TAFKAP genannt hat, George Michael, der gar keine Platten mehr gemacht hat, Robbie Williams, der extra eine schlechte Platte gemacht hat, um seinen Vertrag zu erfüllen. Was ist da los? Und warum passiert das nur Männern? Madonna, Whitney Houston, Britney Spears – niemals irgendwelcher Label-Ärger. Schon komisch …
Gut, die Michael-Jackson-CD war auch wirklich Schrott. Die Single, die ich gehört hatte, ging als Song noch klar, aber der Rest war irgendwie unausgegoren, belanglos, öde. Kein zwingender Song mehr, kein Lied, das unbedingt rausmusste. Hier waren Studio-Frickeleien zu hören, die beim Produzieren vielleicht Bock gemacht hatten, für den Zuhörer aber superuninteressant waren. Man hörte dann auch nicht mehr so viel vom

Künstler. Irgendwann hieß es noch mal kurz, dass Will.I.Am von den Black Eyed Peas mit Jackson im Studio sei, um neue Songs zu machen, und dass auch Justin Timberlake mit ihm an neuem Material arbeiten würde. Das ließ alles durchaus Hoffnung auf ein Comeback zu. Aber es blieben Gerüchte.

Bis ich eines Tages, viele Jahre später, über einen Link stolperte. Es war ein ganz normaler Nachmittag, ich surfte zum Zwecke der Prokrastination mal wieder sinnlos im Netz. Und da stand es: »Link zur Pressekonferenz von Michael Jackson«. Höh? Pressekonferenz? Jackson? Ich schaltete mich in den Livestream und wartete. Irgendwann trat dann wirklich Michael Jackson auf die Bühne. Und erzählte von einer neuen Live-Geschichte. Von mehreren Auftritten in London und seinem Abschied von der Bühne. Und dann war er plötzlich wieder weg. Was war das denn bitte gewesen? Schon wieder kam ich in die Verlegenheit, meinem jüngeren Ich erklären zu müssen, was gerade passiert war. Denn mit dem Michael Jackson, den ich angehimmelt hatte, der für meine popmusikalische Entwicklung so wichtig gewesen war, hatte das gar nichts mehr zu tun. Da stand ein nervös zappelnder, superunsicherer Typ, der irgendetwas faselte und dabei Dynamik vortäuschen wollte. Aber der war doch einfach nicht ernst zu nehmen. Und da fasste ich den Plan: Ich wollte es noch einmal wissen. Ich musste herausfinden, ob ich mich getäuscht hatte oder nicht. Ich würde zu einem dieser fünfzig Abschlusskonzerte von Michael Jackson nach England fahren müssen und entscheiden, ob das wirklich noch der Typ war, der mich damals so verzaubert hatte, oder nicht. Das war jetzt eine persönliche Sache zwischen Michael und mir.

25.06.2009

Ich lese mitten in der Nacht auf Twitter, dass Michael Jackson tot sein soll. Todesgerüchte über Prominente sind auf der Plattform aber keine Seltenheit. Wenn das immer stimmen würde, dann gäbe es in Hollywood keine Schauspieler mehr, und die Popmusik hätte ein ernsthaftes Star-Problem. Ich habe das also nicht sonderlich ernst genommen. Dieser Hoax würde sich sehr bald wieder aufklären. Nicht weiter mit beschäftigen, sondern lieber wieder irgendwelche lustigen OK-Go-Videos auf YouTube gucken. Aber dieses Gerücht war hartnäckig. Immer mehr Leute begannen vom Tod Jacksons zu schreiben. Ich wurde langsam nervös. Was, wenn es stimmte? Aber das konnte doch nicht sein. Es herrschte Unklarheit. Ich folgte einigen Links, aber die schienen nicht seriös, oder man wusste noch nichts Genaues.

Ich las mittlerweile alles, was verlinkt wurde. Viele unseriöse Quellen, aber auch manch gestandenes Nachrichtenportal schrieb über das Unglück. Auf der Über-Klatsch-Seite TMZ sah ich den davoneilenden Krankenwagen. Man wusste noch nichts. Blaulicht. Jackson lag wohl darin. Nun wurde ich atemlos. Ich fühlte mich fast, als wäre ich vor Ort. Was war denn nun, WAS WAR DENN NUN?!?

Und dann irgendwann die schreckliche Gewissheit: Michael Jackson ist tot. Da saß ich nun, mitten in der Nacht, allein zu Hause und starrte auf meinen Monitor. Der Held meiner Kindheit ist gegangen. Hat sich verabschiedet. Ist nicht mehr auf dieser Welt. Anders als bei Kurt Cobain habe ich diesmal nicht richtig geweint, dafür waren wir uns in den letzten Jahren einfach zu fremd geworden. Aber ich habe eine unendliche Traurigkeit in mir gespürt. Wenn Jugend-Idole sterben, dann macht das ja ganz viel mit einem. Das ist ja immer auch das Ende der eigenen Jugend. Und so gewöhnlich noch dazu. Gar nicht pop-staresk. Trist. Sehr trist.

Ich rief meine beste Freundin und Mutter meiner Tochter an, aber sie schlief schon. Ich sprach ihr auf die Mailbox, schickte noch eine SMS, und dann war alles ganz dunkel. Und ich hörte mir in aller Ruhe noch einmal »Billie Jean« an.

Als mein Soulmate am nächsten Morgen aufstand, um unsere Tochter zur Schule zu bringen, sah und hörte sie meine Nachrichten und fiel sofort aus allen Wolken. Sie las direkt nach, mittlerweile war die Nachricht auf allen großen Portalen angekommen, und weinte um einen Star, der auch ihr viel bedeutet hatte. Dann nahm sie die Kleine auf den Schoß, setzte sich mit ihr vor den Computer und spielte ihr jedes Michael-Jackson-Video vor, das ihr gerade einfiel. Um unserer damals achtjährigen Tochter zu zeigen, was gerade so traurig war. Die kam dann auch eine Stunde zu spät zur Schule. Egal, das hier war weitaus wichtiger.

Und da setzte das Wunder ein. Zumindest für mich war es eins: Noch Wochen danach hallte aus dem Kinderzimmer keine *Conny*-CD, sondern »Beat it«. Kein *Bibi Blocksberg*, sondern »Billie Jean«. Und ich hörte nicht etwa die *Fünf Freunde* ermitteln, sondern »Smooth Criminal«, und sah dazu ein kleines Mädchen vor dem Spiegel rumhüpfen. Vielleicht sind es die Gene, vielleicht ist es einfach das Faszinosum Michael Jackson. Aber wie toll ist das, das eigene Kind im selben Alter zur selben Musik abgehen zu sehen, wie man selbst das getan hatte. Diese Magie, dieser Brückenschlag – das ist das Erbe des King of Pop.

Danke, Michael.

Musik zum Text:

»Barbapapa« aus *Barbapapa – Die lustigsten Lieder der Fernsehserie und andere Songs* – Barbapapa
»Pass The Dutchie« aus *The Youth Of Today* – Musical Youth
»Do You Really Want To Hurt Me« aus *Kissing To Be Clever* – Culture Club
»I Don't Wanna Dance« aus *Killer On The Rampage* – Eddie Grant
»Wot« aus *Women And Captains First* – Captain Sensible
»99 Luftballons« aus *Nena* – Nena
»Billie Jean« aus *Thriller* – Michael Jackson
»Thriller« aus *Thriller* – Michael Jackson
»Things I Do For You« aus *Live* – The Jacksons
»The Girl Is Mine« aus *Thriller* – Michael Jackson feat. Paul McCartney
»Man In The Mirror« aus *Bad* – Michael Jackson
»Dirty Diana« aus *Bad* – Michael Jackson
»Candy« aus *Word Up* – Cameo
»Bow Down« aus *The People Who Grinned Themselves To Death* – The Housemartins
»Kids In America« aus *Kim Wilde* – Kim Wilde
»Wanna Be Startin' Somethin'« aus *Thriller* – Michael Jackson
»Don't Ask Me« aus *OK Go* – OK Go
»Beat It« aus *Thriller* – Michael Jackson

Weezer – eine Liebeserklärung

Alles an Weezer ist toll. Eine Band, die alles ausprobiert, sich für wenig zu schade ist und eine ganz klare Mission hat: das Finden des perfekten Popsongs. Das ist für mich mehr als offensichtlich.

Das erste, sogenannte »Blaue Album« hat diesen Weg schon ganz klar vorgegeben. Das wurde nämlich von Ric Ocasek produziert, dem Sänger von The Cars. Das hat mich jahrelang irritiert. Ich habe die harmonische, poppige, aber dennoch irgendwie punkige und latent grungige Gitarrenmusik von Weezer nicht mit dem Mann zusammenbringen können, der die Schnulze »Drive« (»*Who's gonna drive you home ... toniiight?*«) gesungen hat. Das schienen zwei verschiedene Enden einer Linie zu sein. Dann habe ich aber eines Tages »Just What I Needed« der Cars gehört, ein Song aus der Prä-»Drive«-Ära der Band. Und sofort war alles klar. Abgesehen davon, dass das hier dreißig Jahre älter war, hätte es ohne Weiteres ein Weezer-Song sein können. Eine beeindruckende Erkenntnis.

Von da an war mir auch klar, worauf Rivers Cuomo, der Kopf der Band, hinauswill. Und das ist auch der Grund, warum ich so verliebt in die bin.

Weezer sind Pop. Die Belege für diese These sind vielfältig: Konzertaufnahmen auf YouTube zeigen die Band, wie sie MGMTs »Kids« mit Lady Gagas »Pokerface« vermischt und live spielt oder Coldplays »Viva La Vida« covert, was erst wie ein Live-Spaß wirkt, dann aber seinen Weg sogar auf ein Album findet (als Bonustrack auf *Hurley*). Es gibt sogar ein Video, in dem sie sämtliche YouTube-Stars wie den »Numa Numa Guy«, die Pepsi-Light/Mentos-Wissenschaftler oder die »Leave Britney alone!«-Heulsuse einladen und alle zusammen performen lassen, was eigentlich das komplette WWW implodieren lassen müsste. So könnte man ewig weitermachen und popkulturelle Verweise im Weezer-Universum aufzählen und entschlüsseln. Schon ihr erstes Video, »Buddy Holly«, spielt im *Happy Days*-Set, und sogar die Stars der Serie, wie der alte Wirt oder der Frauenschwarm Fonzie, haben ihren Gastauftritt im Clip.

Und so sind eben auch ihre Alben zu lesen. Wo ist die perfekte Harmonie, welcher Rhythmus ist der beste? Wo singt man besser hoch, wo tief? Lieder von Weezer sind immer nur Fragmente eines großen Ganzen, das sie nie aus dem Blick verlieren. Jeder Song ist eine Momentaufnahme, ein Versuch, ein Ausloten, eine Notiz, eine Idee. Ein Ausprobieren eines weiteren Steinchens im Puzzle Pop. Das wird der Band oft vorgeworfen: Die Alben seien beliebig, uninspiriert. Aber das Gegenteil ist der Fall: Die Lieder sezieren Popmusik. Das ist die obsessive Beschäftigung mit einem Kleinklein. Und das Absurde daran ist ja: Je gefälliger es sein will, desto mehr Menschen vergrault es. Denn für den sogenannten »Mainstream« sind Weezer, bis sie eben den perfekten Song gefunden haben, zu rockig und zu dreckig. Immer zwischen den Stühlen. Vermutlich beziehen sie genau daraus ihre Energie.

Ihr letztes großes Projekt war eine Kreuzfahrt vor Floridas Küste, auf der dann auch noch befreundete Bands wie Dinosaur Jr. spielten. Eine Kreuzfahrt! Eine Weezer-Kreuzfahrt mit »Moustache Night«!

Um der Diskografie von Weezer gerecht zu werden, habe ich mir von jedem Album die zwei besten Songs ausgesucht und versuche zu beschreiben, was sie so besonders macht:

»Blaues Album«

- »Say It Ain't So«

So eine unglaubliche Gebrochenes-Herz-Hymne schon auf dem ersten Album bestätigt nicht nur die alte Popmusikregel, dass die besten Songs immer vom Schlussmachen handeln (in diesem speziellen Fall ist es ein Sohn, der mit seinem Vater »Schluss macht«), sondern zeigt auch sofort, zu welcher musikalischen Grandezza Weezer imstande sind. Unfassbar berührend.

- »The World Has Turned And Left Me Here«

Man muss ohne *sie* weiterleben können, auch wenn es schwerfällt. Die Welt dreht sich weiter, nur ohne einen selbst. So wie vor ihr eigentlich auch. Hach. Man will Rivers eigentlich nur noch in den Arm nehmen. Wenn da nicht noch der kleine Bruch am Schluss wäre, wo erst der Chor vorsichtig singt und Rivers dann zur letzten Zeile mit einstimmt: *»Do you believe what I sing now?«* Ja, was jetzt? Außerdem unwiderstehlich: diese Mischung aus akustischer und elektrischer Gitarre.

Pinkerton

- »Why Bother?«

Das zweite Album. Die große Feuerprobe für jede Band. Und schon der Opener »Tired Of Sex« beweist, dass es wohl in eine fatalistischere Richtung geht. Nach dem großen Herzschmerzalbum jetzt die Platte über den Liebeskater danach. Und das beweist auch dieses wunderbare Lied: warum ärgern, die nächste Frau kommt bestimmt. Das ist natürlich Selbstbetrug, aber genau darum geht es ja auch. Dazu der Sound: Hat man eigentlich eine Weiterentwicklung des sehr sauberen, aber druckvollen Gitarren-Powerpops des »blauen Albums« erwartet, geht es plötzlich unerwartet dreckig zu. Feedbacks ohne Ende, Löcher, die nicht mit irgendwelchen Synthesizern aufgefüllt wurden, wenig

Ad-Libs oder »Uuhs« und »Aahs«, stattdessen holperndes Schlagzeug und für Weezer-Verhältnisse unkontrolliertes Geschrei. Und dennoch: magische Kompositionen, unwiderstehliche Tonfolgen. Vielleicht ist das hier noch besser als das erste Album? Auf jeden Fall ist es katalytischer. Da muss offensichtlich was raus.

- »Pink Triangle«
Der Song ist musikalisch schon sehr gut. Aber der Text macht ihn noch so viel besser, so viel lustiger und gleichzeitig so bitter wahr: *»I'm dumb, she's a lesbian / I thought I had found the one / We were good as married in my mind / But married in my mind's no good.«* Und als wäre diese Refrain-Zeile nicht schon tragikomisch genug, gibt es in der Strophe noch die schöne Feststellung: *»If everyone's a little queer / Why can't she be a little straight?«* Unglücklich verliebt in eine Lesbe. Das Leben meint es wirklich nicht gut mit Rivers. Zum Glück. Sonst kämen sicher nicht solche tollen Songs zustande.

»Grünes Album«
- »Island In The Sun«
Pop. Poppoppop! Und ein Tierbaby-Video von Spike Jonze. Krass, Weezer sind mit dem »grünen Album« zum »blauen« zurückgekehrt. Zumindest zu der Art Songwriting, die man davon kannte. Man hätte eigentlich so etwas wie dieses Album als Nachfolger erwartet. Nach dem letzten Album hätte man allerdings gar nicht damit gerechnet. Da scheint sich ein Zickzackkurs anzukündigen. Dieser Song ist auf jeden Fall, trotz seines energischen Rock-Breaks, ein totales Pop-Kleinod. Schon durch diesen niedlichen »Hip Hip«-Chor.

- »Don't Let Go«
Und die Punk-Rock-Weezers sind auch noch da! Und sie sind wieder verliebt, wie man eben so verliebt ist: mit der Bereitschaft, ins offene Messer zu laufen, denn ohne Risiko gibt es keine Liebe. So denken alte Romantiker, hach, da fühle ich mich verstanden. Und so ein schönes, sehnsüchtiges Riff. Obwohl der Song so treibt. Das ist die ganz große Songwriting-Schule. Ich wünschte, ich könnte nur ein einziges Mal so ein Lied schreiben.

Maladroit
- »Keep Fishin'«
Ein Muppets-Video. Nein, eher so: EIN MUPPETS-VIDEO!!!! Rivers Cuomo im Duett mit Kermit, eine Miss Piggy, die den Schlagzeuger Patrick gekidnappt hat und ihn an einen Stuhl in ihrer Garderobe gefesselt als Liebesgeisel hält (Tier springt dafür als Drummer bei Weezer ein). Dazu ein klassischer Weezer-Track, der für Fan-Ohren schon fast ein bisschen zu typisch, im direkten Vergleich mit sämtlicher anderer Musik der Welt aber natürlich immer noch ein Meisterwerk des Power Pop ist.

- »Burndt Jamb«
Diese nur kurz angeschlagene, unverzerrte Gitarre. Wie Retro-Sixties-Pop à la Cardigans oder so. Beschwingt und lieblich und harmlos und gemütlich und freundlich und schön. Dazu dann auch noch das »Doop do do doop«: Das ist Musik zum Kindergroßziehen. Und dann kommt plötzlich von Weitem das Gitarrenbrett angerauscht. Und man hat schon Angst, dass jetzt alles kaputt ist. Dass damit jetzt alles zerstört wird. Aber in dem Moment, in dem man denkt, alles sei verloren, ist es auch schon wieder weg, und wir sind wieder im freundlichen Riff. Wie auf dem Meer eigentlich.

Make Believe

- »Perfect Situation«

Make Believe ist vermutlich eines der meistunterschätzten Weezer-Alben. Allein dieses Lied: ein krachiger Anfang mit wildem Solo-Gegniedel. Und dann in der Strophe Ruhe und ein einfaches Piano. Doch die Stimme schon von Beginn an auf Anschlag. Pure Verzweiflung, aber auch pure Schönheit. Und ein Refrain, der Verzweiflung wohl nicht besser auf den Punkt bringen könnte: »*Singin' Ohhoooooooo, ohoooooo, oooohoooooooo ...*« Ich würde mich in dieses Lied reinwerfen, wenn ich könnte. Auf jeden Fall erwische ich mich immer dabei, mindestens ab dem zweiten Refrain aus vollem Halse, all meine Verzweiflung hineinlegend, mitzusingen ...

Übrigens auch noch mein absolutes Lieblings-Weezer-Video: die angebliche Geschichte der Band, als sie noch »Weeze« hießen und eine arrogante Sängerin hatten, die mit dem Rest der Band nichts zu tun haben wollte. Nur Rivers, der Roadie der Band, war hoffnungslos in sie verliebt. Als sie eines Tages nicht auftreten konnte oder wollte, wurde sie prompt durch (einen sich zuerst nicht trauenden) Cuomo ersetzt, die Schriftzüge auf den Shirts bekamen noch ein »r« angemalt, und Weezer waren geboren. Das ist so schön inszeniert, so niedlich und rein. Und lustig. Ein oscarreifer Kurzfilm.

- »The Damage in your Heart«

Eine Ballade bedeutet im Weezer-Universum ja was anderes als beispielsweise im Mariah-Carey-Universum. Eine Ballade bei Weezer muss nicht zwingend langsam sein. Zumindest nicht so, dass einem die Füße einschlafen. Eine Ballade bei Weezer hat ein herzzerbrechendes Bild, das einem sofort einleuchtet, das einen sofort mitleiden lässt. Eine Ballade bei Weezer heißt, ein verstandenes Herz. Und kein Plastikleid. Sorry, Mariah.

»Rotes Album«

- »The Greatest Man That Ever Lived«
Was braucht eine echte Rockband? Gut, außer Groupies, Alkoholexzesse und übertriebene Backstage-Anforderungen wie farblich getrennte M&Ms? Na klar: eine Hymne! Seit Generationen versuchen Bands, mit Gitarren ihre Version der »Bohemian Rhapsody« zu erschaffen oder wenigstens ein endloses Opus, wie sie Led Zeppelin am laufenden Band erschufen, aber die meisten scheitern an ihren Ansprüchen. Weezer hingegen machen es genau richtig: Sie versuchen gar nicht erst, ihre Ansprüche zu hoch zu hängen. Sie machen einfach. Ein Lied, das sich laufend ändert. Das nicht stehen bleibt. Das aus dem Chor direkt in den Punkrock-Song, in den Blues, in die Rockballade steigt. Kurz: Rivers' »Bohemian Rhapsody«.

- »Heart Songs«
Vielen Dank! Endlich bekommt man die musikalische Sozialisation Cuomos en détail erklärt. Und das auch noch durch einen wunderschönen Song. Selten hat Heldenverehrung so gut geklungen, selten hat sie sich so von Herzen kommend angehört. Und wenn dann im Break die zentrale Platte erklärt wird, die Initialzündung beschrieben, dann freue ich mich, dass mein Kosmos ein ähnlicher, wenn nicht sogar zu großen Teilen derselbe ist. Da singt er nämlich: »*Back in 1991, I wasn't having any fun,/'til my roommate said »Come on« and put a brand new record on/Had a baby on it, he was naked on it/Then I heard the chords that broke the chains I had upon me.*« Ganz klar, auf welches Album hier angespielt wird: Nirvanas *Nevermind*. So auf den Punkt hat das noch nie jemand gebracht, erst recht nicht in einem Song.

Raditude

- »I'm Your Daddy«

Ich habe einen ganz seltsamen Crush auf dieses Lied, ich weiß auch nicht, warum. Eigentlich ist das ja relativ eklig bis prollig, dieses *»Come to daddy«*, beziehungsweise eben in diesem Lied: *»You are my baby tonight – and I'm your daddy!«* Aber das muss man wohl aus nativer Sicht sehen. Hierzulande würde man wohl bei keiner Frau mit dem Spruch »Komm zu Papi!« landen, aber der *»daddy«* ist im amerikanischen Raum wohl etwas verbreiteter und kann in einem anderen Kontext als dem elterlichen gesehen werden. (Schon Michael Jackson sang in jungen Jahren mit den Jackson Five: *»I wanna be your Sugar Daddy«*.) Das Weezer-Lied ist ein schöner Partysong, der ein tolles Solo und einen noch tolleren Keyboard-Break hat. Ein unentdeckter Hit. Weezer haben das auch mal bei Letterman gespielt, aber da waren die Leute wohl von den Ganzkörperschlafsäcken mit Armen irritiert, die die Band trug. Und wieder eine sichere Single zum Fenster rausgeworfen. Bei dem Output kann man sich das schon mal leisten.

- »(If You're Wondering If I Want You To) I Want You To«

Hier haben wir das Lied mit dem schon erwähnten Video, in dem sämtliche YouTube-Stars auftreten. Der Song selbst ist eine klassische Rocknummer, die ja schon im Titel einen Klassiker des amerikanischen Rock halbwegs zitiert. Oder persifliert? Oder hofiert? Oder kopiert? »I Want You To Want Me« von Cheap Trick ist gemeint. Und der Weezer-Song klingt auch ähnlich. Atmet ähnlich. Eine Midtempo-Mitgröhl-Nummer, die nach Bier, Zigaretten und Kneipenschlägereien riecht. Natürlich die Art Schlägereien, bei denen man sich nicht wehtut, sondern mit Zuckerglas und Balsaholzstühlen aufeinander eindrischt, um danach einen Versöhnungsschnaps an der Bar zu trinken. So was können Weezer also auch. Wer hätte das gedacht?

Hurley

- »Hang On«

»Tausend Mal berührt«, Weezer-Style. Zumindest, was den Text betrifft. Dabei natürlich wunderschön und herzerweichend. Man hat sofort das Bild dieser beiden Freunde vor Augen, die irgendwie nicht zusammen sein können, es aber eigentlich sein müssten. Wie Liebe halt manchmal so ist. Megaschräg. Dazu passt auch das Instrumental, das selbst für Weezer-Verhältnisse irgendwie komisch ist. Ungewohnt. So zeitgeistig. Ich schmecke da so ein wenig I'm from Barcelona durch. Oder ähnliche Acts. Diese neue, altmodische Art, Musik zu machen, eben. Mit Kinder-Xylophonen oder so. Und einem Klimperklavier. Und einem, hm, verzerrten Banjo? Gemischt mit der jetzt schon oft erwähnten Weezer-Sehnsuchts-Power. Was für eine Melange!

- »Ruling Me«

Unglücklich verliebt. Wir Typen sind manchmal so bescheuert. Weil wir alles mit uns machen lassen. Dazu braucht es im Zweifelsfall zu Beginn erst mal nur Schlüsselreize. Schwarzes Kleid, roter Lippenstift und uns am ausgestreckten Arm verhungern lassen. Das zieht uns oft nur noch mehr an. So bescheuert das ist und so sehr wir auch darunter leiden. »*It's no mystery/Why you're ruling me.*« Das Lied selbst sprintet dabei so schnell und laut nach vorn, wie es sich für einen klassischen Punkrock-Song gehört. Und wie es sich irgendwie auch für das Thema gehört. Da passt alles. Sehr dicht und ein Refrain zum Umarmen. Sich, ihn, die Welt – einfach alles.

Death To False Metal
- »Turning Up The Radio«

Dieser Song wurde mit der Hilfe Dutzender YouTube-Fans geschrieben, die das Instrumental bekamen und aufgerufen wurden, sich einen Text dazu auszudenken. Das muss man einer Online-Community nicht zweimal sagen: Wann hat man schon mal die Gelegenheit, gemeinsam mit seiner Lieblingsband einen Song zu schreiben? Die Videos reichten von einfachen, reinen Gesangsaufnahmen bis hin zu richtigen kleinen Clips. Und Cuomo blieb die ganze Zeit in den Prozess involviert, teilte der Community mit, was ihm gefiel und was nicht. Wie die Band selbst den Song sah. Sogar die Rhythmik des Textes war Thema (die Hook war in den ersten Versionen noch anders). Und obwohl viele Köche normalerweise den Brei verderben, war hier das Gegenteil der Fall: Alle arbeiteten zusammen, um einen richtigen Weezer-Song zu kreieren, und das Ergebnis ist ein Lied, das beinahe vom legendären »blauen Album« stammen könnte. Ein Ritterschlag für alle Beteiligten.

- »I'm A Robot«

Ein fröhlicher Motown-Beat, eine schöne 60er-Jahre-Popnummer mit einer dezenten Gitarre und einem lustigen Piano. Dazu Rivers' klassisch-verzweifelte Stimme und dann noch ein Text über einen Menschen, dessen Leben so automatisiert abläuft, dass er nur noch zu dem bitteren Fazit kommen kann, ein Roboter zu sein. Eine natürlich sehr bewusste Text-Musik-Schere, aber die macht ausgesprochen viel Spaß. Hier macht sich auch wieder einmal Rivers' selbstauferlegtes Fluch-Verbot bemerkbar. Wo andere Songtexter schon längst in die Kiste des »Scheißlebens« oder *»fucking job«* gegriffen hätten, findet er andere Wege, seine Verzweiflung und Wut auszudrücken. Denn er vermeidet bewusst Kraftausdrücke in seinen Songs.

Bonustrack

- »I Just Threw Out The Love Of My Dreams«
Ursprünglich wollte Cuomo nach dem »blauen Album« ein Konzeptalbum machen – eine »*Space Opera*«. Die Geschichte stand, die Songs größtenteils auch. Aber dann entschied man sich für *Pinkerton*. Einige Lieder schafften es auch auf dieses zweite Album, so landete dieser Song auf der Single/EP zu »The Good Life«. Sehr viel Moog-Synthesizer-Gezirpe quietscht herrlich durch die Gitarrenwände dieses Lieds. Aber es ist noch aus einem ganz bestimmten Grund ein wichtiger Meilenstein im Gesamtwerk der Band: Es ist das einzige Lied von Weezer, das von einer Frau gesungen wird. Und zwar von Rachel Haden, damals Sängerin der fantastischen Band That Dog und der Beweis dafür, dass die Songs durchaus öfter mal von einer Frau mit so einer schönen Stimme gesungen werden könnten. Gut, wir wollen das nicht zur Regel werden lassen, aber ein paar Mal wäre doch noch drin, oder? Rivers' Stimme ist sowieso niemals zu ersetzen.

Ja, man kann wohl behaupten, dass ich Weezer ganz gut finde.

Musik zum Text:

»Drive« aus *Heartbeat City* – The Cars
»Just What I Needed« aus *The Cars* – The Cars
»Kids« aus *Oracular Spectacular* – MGMT
»Pokerface« aus *The Fame* – Lady Gaga
»Viva La Vida« aus *Viva La Vida Or Death And All His Friends* – Coldplay
»I Want You To Want Me« aus *In Color* – Cheap Trick
»1000 und 1 Nacht« aus *Beste Lage* – Klaus Lage

Meine liebsten Pop-Anekdoten

Man hat ja immer so Geschichten, die man mal irgendwo gelesen hat und nicht mehr vergessen konnte. Perfektes Futter für Small Talks oder Gelegenheiten, bei denen man Freunde mit seinem Wissen über Popmusik beeindrucken möchte. Gut, das beeindruckt die in den wenigsten Fällen, aber man will ja doch vorbereitet sein, oder? Eben. Ich öffne also die Schatztruhe und gebe die drei Geschichten preis, die ich liebend gerne erzähle. In der Hoffnung, dass vielleicht nicht ALLE, die ich in Zukunft treffe, dieses Buch gelesen haben:

1.) Das Solo aus Diana Ross' »I'm Coming Out«
Auf einer amerikanischen Homepage über Disco-Musik (und diese Seite ist die informativste und ausführlichste, die man zu dem Themenkomplex Disco finden kann) habe ich einst ein Interview mit Meco gelesen. Meco selbst war in den 70ern ein kleiner Star, weil er tanzbare Disco-Versionen der Musik zu *Star Wars* oder *Unheimliche Begegnung der dritten Art* gemacht hat. Die sogar sehr versiert waren. In dem Interview erzählt er unter anderem, wie lange er mit Keyboard-Sounds herumexperimentiert hat, bis er endlich den Sound von R2-D2 imitieren konnte, weil er den offiziellen Sound natürlich nicht zur Verfügung gestellt bekommen hat.

Meco arbeitete auch als Studiomusiker, vor allem war er ein sehr guter Trompeter, er kam ursprünglich aus dem Jazz. Das wusste auch Produzenten-Gott Nile Rodgers. Rodgers (übrigens ehemaliger Gitarrist der *Sesamstraße*-Studioband!), war der Kopf von Chic, deren »Good Times« die Grundlage für Sugarhill Gangs HipHop-Initialzündung »Rapper's Delight« bildete (dessen Bassline wiederum von Queen für »Another One Bites

The Dust« ausgeliehen wurde). Später war er unter anderem mit David Bowie oder Madonna im Studio oder verhalf Daft Punk mit seiner *funky* Gitarre zu einem übergroßen Sommerhit (»Get Lucky«). Dieser Nile Rodgers produzierte das Diana-Ross-Album *Diana*, das mit »Upside Down« oder »My Old Piano« eine einzige Hitmischung war. Und er saß gerade an einem Song mit dem Titel »I'm Coming Out«, als er Meco dazuholte. Rodgers erklärte, dass er für diesen Song ein ganz spezielles Trompetensolo bräuchte. Die beiden Musiker verstanden sich und begannen herumzuprobieren. Der erste Versuch war schon ganz gut, aber noch nicht perfekt. Sie nahmen noch viele weitere Takes auf. Immer gefiel ihnen aber nur ein Teil, ein Element, nie das ganze Solo. Irgendwann hatte Rodgers genug. »Warte mal …«, sagte er und fing an zu basteln. Er schnitt aus den vielen verschiedenen Solos ein einziges zusammen. Die beiden hörten es sich an, und siehe da: Es war perfekt. Sie freuten sich über dieses kleine Meisterwerk wie kleine Kinder. Sie hörten die zusammengeschnittene Version noch viele Male und konnten nicht genug davon kriegen. Großartig. Das Gefühl, im Studio zu sitzen und etwas wirklich Tolles erschaffen zu haben, ist in der Tat schwer zu übertreffen. Das ist magisch.

Nun ist die Geschichte dieses Albums aber leider eher tragisch als magisch, denn Diana Ross und Nile Rodgers zerstritten sich, was darin endete, dass Ross sich das Album nahm, um es selbst noch einmal zu überarbeiten und zu mastern. Alles allzu Raffinierte nahm sie heraus, sie strich ganze Instrumental-Passagen und änderte ihre Stimme. Und in diesem Prozess kam es auch zu dem Fauxpas: Der Sound Engineer, der sich die Bänder ansah, nahm vermutlich an, bei den Spuren mit den Trompetensolos stünde die Ziffer »1« für den besten und nicht für den ersten Take. Deswegen übersah er das komplizierte Spur-Arrangement und ließ einfach nur den ersten, nicht perfekten

Versuch durchlaufen. Meco erzählte, dass er sich noch heute zusammenreißen muss, wenn er das Lied zufällig irgendwo hört, weil ihm (und wahrscheinlich nur ihm) jedes Mal auffällt, wie viel an dem Solo falsch ist.

Wenn man also irgendwo »I'm Coming Out« hört, hört man immer ein falsches Trompetensolo. Ist das nicht der Wahnsinn? Ich liebe solche Geschichten!

2.) Farblich getrennte M&Ms
Es ist das älteste Rockstar-Klischee aller Zeiten: Der Rockstar, der was auf sich hält, will nur blaue M&Ms essen, oder nur grüne, nur orange, wie auch immer. Das perfekte Zeichen absoluter Durchgeknalltheit oder Abgehobenheit. Eben das, was Rockstars sind oder sein sollen. Aber der (vermeintliche) Ursprung dieser Geschichte ist von verblüffend praktischer und logischer Natur:

1983 waren Van Halen auf großer US-Tournee. Dabei spielten sie in den unterschiedlichsten Locations wie Sporthallen von Colleges etc. Zu der Zeit haben die schon die große Rockshow abgefeiert, mit einer superfetten Bühne, Pyros und dem ganzen Schnickschnack. So eine Bühne wiegt natürlich einiges. Die ganzen Traversen und so, da kommt die eine oder andere Tonne zusammen. Veranstaltungsorte wie zum Beispiel Basketballplätze haben aber nur eine bestimmte Tragkraft. Ab einem Gewicht x brechen die einfach zusammen. Van Halen hatten nun jedem Veranstalter vorab einen »Rider« geschickt, das ist ein Plan, in dem alle technischen Daten so einer Show drinstehen. Und was sie braucht. An Strom, an Platz, an Traglast. Aber nicht jeder Veranstalter macht das hauptberuflich. Manche buchen einfach schnell eine Band, die sie oder ihre Kunden toll finden, und machen sich nicht so viele Gedanken um Technik. Wird schon irgendwie gehen.

Im Rider stehen aber nicht nur technische Anforderungen, sondern auch, was die Band hinter der Bühne braucht (oder zu brauchen glaubt). Und dazu gehören eben auch ausgefallene Catering-Wünsche. Van Halen haben die ganz ans Ende des Riders gepackt und als absolutes Muss die farblich getrennten Schokonüsschen reingeschrieben. Und sich damit den besten Schnellcheck der Bedingungen vor Ort geschaffen: Kamen sie zum Veranstaltungsort, gingen sie zuerst Backstage und überprüften ihr Alarmsystem: Waren die M&Ms getrennt, dann hatte der örtliche Veranstalter den Rider gelesen und man konnte guten Gewissens auf die Bühne gehen. War das nicht der Fall, musste man Vorsicht walten lassen und noch mal alles genau nachprüfen. So simpel wie genial. Und die Leute halten einen auch noch für durchgeknallt. Klare Win-Win-Situation!

3.) Unrecht an Mandy

Die wunderbare urbane Legende »Barry Manilow hat ›Mandy‹ für seinen Hund geschrieben« stimmt leider hinten und vorne nicht. Denn das Lied ist gar nicht von Barry Manilow, sondern von Scott English (zusammen mit Richard Kerr) und hieß im Original »Brandy«. Nachdem das rausgekommen und ein Hit geworden war, wollte Manilow es ein paar Jahre später covern. Als lustigen, fröhlichen Popsong, wie das Original. Aber das klang irgendwie nicht so toll, deswegen arrangierten Manilow und sein Team es zu der Ballade um, die ihn weltberühmt machen sollte. Aber wie wurde aus »Brandy« »Mandy«? Zu dem Zeitpunkt, als Manilow beschloss, den Song zu covern, gab es in den USA gerade einen ganz fantastischen Feel-Good-Hit mit dem Titel »Brandy (You're A Fine Girl)« von Looking Glass. Und um dem nicht in die Quere zu kommen und Verwechslungen auszuschließen, dichtete man den Namen der sehnsüchtig geliebten Frau einfach um.

Bleibt nur noch die Frage nach dem Hund.

Als Scott Englishs »Brandy« zum Hit geworden war, klingelte eines Morgens sein Telefon. Sehr früh, sehr penetrant. Ein Reporter war am anderen Ende der Leitung und wollte unbedingt wissen, wer denn diese »Brandy« nun eigentlich sei? Er ließ nicht locker. English war nicht sehr erfreut und behauptete kurzerhand, er hätte das Lied für seinen Hund geschrieben. Paff. Schon war die Geschichte in der Welt und hielt sich so hartnäckig, dass man sie sogar noch Manilow andichtete.

Musik zum Text:

»Title Theme« aus *Star Wars And Other Galactic Funk* – Meco
»26« aus *Real People* – Chic
»Rapper's Delight« aus *Sugarhill Gang* – Sugarhill Gang
»Another One Bites The Dust« aus *The Game* – Queen
»Let's Dance« aus *Let's Dance* – David Bowie
»Material Girl« aus *Like A Virgin* – Madonna
»Dancing In The Street« aus *Diver Down* – Van Halen
»Brandy« aus *Brandy* – Scott English
»Mandy« aus *Barry Manilow II* – Barry Manilow
»Brandy (You're A Fine Girl)« aus *Looking Glass* – Looking Glass

Die fünf besten Rausschmeißer

Es gibt ein paar essenzielle Dinge, die man als DJ immer dabeihaben sollte. Man muss ein paar Hits haben, Stücke, von denen man weiß, dass sie funktionieren. Also natürlich im Rahmen dessen, was man auflegt. Man sollte auch auf einige Eventualitäten vorbereitet sein. Zum Beispiel immer eine schöne Ballade dabeihaben, falls man sich spontan verliebt. Oder »Killing In The Name« von Rage Against the Machine, weil … nun ja, weil es eben »Killing In The Name« ist!

Und irgendwann ist der Abend zu Ende, der Club oder die Bar hat sich sowieso geleert, nur die ganz Harten sind noch da. Mindestens ein Pärchen, das in der Ecke knutscht, und ganz viele traurige Typen, die nicht knutschen (und immer wieder heimlich das betrunkene Pärchen neidisch aus den Augenwinkeln taxieren). Und für all diese Menschen braucht man Lieder, die man mit dem beherzten Ruf »Letztes Lied!« ankündigt. Ein Lied, das den Abend würdig abschließt, die Zuhörer noch mal *groundet*, bevor sie nach Hause gehen. Das sie beruhigt und verabschiedet. Es darf auch ruhig ein klein wenig Pathos sein. Denn dieser Abend ist zu Ende, und so jung kommen wir nicht mehr zusammen. Da fällt es schwer, sich zu entscheiden, es gibt nämlich viele Kandidaten. Hier meine fünf Liebsten:

Platz 5
»Die Internationale« – Hannes Wader
Eigentlich ist das ja ein doofes letztes Lied, weil es totalen Aufbruch symbolisiert. Nicht gerade subtil. Trotzdem konnte ich ihm eine Zeit lang nicht widerstehen. Ich fand es einfach wunderbar absurd, plötzlich so ein Lied zu spielen. Meistens hat es auch geklappt: Die Leute waren so verwirrt, dass sie das Weite

gesucht haben. Aufrechte Arbeitskampflieder und Betrunkensein passt wohl nicht so gut zusammen. Vermutlich haben die Bots, die große holländische Instanz in puncto Politrock, deswegen auch das Lied »Was wollen wir trinken« gemacht, damit es Lieder zum Kämpfen und Lieder zum Feiern gibt. Hannes Wader war da schon etwas ernsthafter. Und so viel geballte Ernsthaftigkeit, das ist für jeden Feiergast ein bisschen zu viel des Guten. Es gibt aber noch einen viel profaneren Grund, warum ich diese Live-Aufnahme immer so gern als letztes Lied gespielt habe: Bevor das Lied losgeht, hört man noch den letzten Satz von Waders Ansage, und der lautet: »Danach kann nichts mehr kommen.« Und dann geht das Lied los. Das hat bislang noch jeder kapiert.

Platz 4
»Die Moldau« – Bedřich Smetana
Klassik macht die Leute fertig. Es gibt natürlich ein paar Clayderman-Variationen, mit denen sich die Leute angefreundet haben (»Für Elise«), aber ansonsten ist das grundsätzlich so komplexe Musik, dass sie die Menschen, zumindest wenn sie betrunken oder Ähnliches sind, vertreibt. Klassik wird ja sogar an Hauptbahnhöfen als Junkie-Abschreckmittel eingesetzt. Das finde ich faszinierend, dass diese Musik die so fertigmacht, dass sie wegbleiben. Weil sie sie nicht aushalten. Weil sie vielleicht zu starke Emotionen triggert. Das ist doch unfassbar. Ich staune da jedes Mal drüber, kann es aber auch ein wenig verstehen. Ich halte den Sound auch ohne Drogenproblem oftmals nicht aus. Weil das immer alles so vielschichtig ist und so sehr mit Dynamiken spielt, dass man sich reinsaugen lassen muss, um es begreifen zu können. Bei unfrittierten Hirnen funktioniert da anscheinend noch der Abwehrmechanismus. Dann lässt man sich eben gar nicht drauf ein. Das intoxikierte Gehirn kann wohl

nicht mehr ausreichend differenzieren. Schön war aber das eine Mal, als ich die »Moldau« als Rausschmeißer gespielt habe. Es waren nicht mehr viele Leute da, aber die, die noch da waren, haben sich plötzlich ganz der Musik hingegeben. Da bin ich auf die Theke geklettert und habe sie dirigiert. Das ganze Stück über. Einige haben den Fluss gespielt, andere haben Luftinstrumente bedient, und am Ende sind alle glücklich nach Hause gegangen. Es gibt diese speziellen Momente.

Platz 3
»Indian Vibes« – Mathar
Der Stammclub unserer Clique in den 90ern war das House of Unique in Köln. Zunächst in einem fremden Club beheimatet, dann in einer eigenen Location. Die Nächte im Unique waren großartig. Da war alles dabei, von Feiern mit Take That über den Typen, dem ich sein Poppers-Fläschchen aus der Hand schlug, weil er mir die stinkende Brühe hinhielt und grinsend rief: »Riech mal!«, bis hin zu ewig langen philosophischen Gesprächen mit der Klofrau und natürlich Tanz, Tanz, Tanz! Im Unique hat René mit seinem Kompagnon Tom allerfeinst selektierte Housetracks aufgelegt, dazu ließ sich feiern wie nirgendwo sonst. Oft sind wir am Ende des Abends dann noch in einer großen Gruppe zu René nach Hause, wo er mit uns allen zusammen Afterhour feierte (und seltsamerweise eine riesige Vorliebe für das White-Zombie-Album *La Sexorcisto* bewies, das ich zwar auch ziemlich super fand, aber an diesem Ort nie vermutet hätte … vielleicht auch ein Horizonterweiterer für mich). Manchmal sind wir auch woanders weiterfeiern gegangen, aber wo und wie auch immer der Abend endete, auf eine Konstante war Verlass: Renés letzter Song war immer »Indian Vibes«. So ein großartiges Sitar-Showreel. *Funky*, poppig, indisch. Eine beinahe erlösende Ergänzung zu der durchgehenden Bassdrum

des Abends und das Lied, zu dem wir alle immer kollektiv ausflippten. Wer kein Stammgast war oder uns nicht kannte, konnte da schon mal verwundert gucken, aber das war uns egal: Der Song war unsere Hymne. Und so ziemlich das einzige Lied, das ich aus dem Club ans Tageslicht rettete und auch zu Hause hörte. Wenn Sitar, dann bitte so.

Platz 2
»Les Champs-Élysées« – Joe Dassin

Oh, wie schön das ist. Der Abend geht zu Ende, vielleicht hat man die ganze Zeit getanzt, vielleicht aber auch an der Bar geflirtet, mit diesem einen ganz besonderen Mädchen. Und jetzt überlegt man, ob man sie nach Hause bringen soll oder ob man noch weiterzieht in eine dieser berüchtigten Bars, die sogar unter der Woche bis spät in die Nacht aufhaben. Man kennt ja diese Orte. Die haben einen ganz wichtigen Zweck: knutschen. Darum geht's da. Ja, klar, man kann auch weiter Schnäpse trinken, vielleicht sogar ein bisschen übermütig werden und Tequila bestellen, und wenn man den Laden verlässt, dann nur, um ein Taxi nach Hause zu rufen oder um sich beim Dönermann nebenan noch einen schönen Dürüm zu holen. Aber im besten Falle sitzt man neben diesem besonderen Mädchen, und sie guckt einen verlegen an, und man ist total verknallt. Und überlegt schon, ob dieser Abend einer ist, an den man sich in zwanzig Jahren gemeinsam erinnern wird. Und dann versucht man sich noch krampfhaft an ihren Namen zu erinnern, den hat sie nämlich nur einmal ganz am Anfang genannt. Wer soll sich das denn merken können? Egal, um Namen geht es hier nicht. Es geht um Liebe.

Wenn man die letzten Gäste derart beflügelt und mit so einem guten Gefühl in den Morgen oder die Restnacht entlassen will, dann kann man nur dieses wunderbare Lied über den Pariser Prachtboulevard spielen. Das pfeift jeder vor sich hin, den man damit wegschickt. Und man hat das gute Gefühl, ein klitzekleines bisschen Amor gespielt zu haben. Ich habe das Lied mal in einem Biergarten gesungen, da gab es einen Liederabend, bei dem vorher Texthefte rumgereicht wurden, damit das ganze Publikum mitsingen konnte. Und dann saß ich da, mit einer tollen Freundin, leckerem Kölsch und großer Freude. Das war so herrlich. So herrlich wie das Lied. Seitdem verbinde ich das immer damit. Und das ist nicht die schlechteste Erinnerung!

Platz 1
»Piano Man« – Billy Joel

Der Barpianist ist ja leider eine aussterbende Art. Daran sind auch wir DJs nicht ganz unschuldig. Aber gut: Ich glaube auch nicht, dass alle Läden, in denen ich jemals aufgelegt habe, sich statt meiner eher einen Pianisten angeschafft hätten. In Berlin bin ich eine Zeit lang immer in Harry's New York Bar im Esplanade gegangen, weil die so einen sagenhaften Barpianisten hatten. Der hatte auf dem Flügel noch ein kleines Keyboard stehen, das er gleichzeitig bediente. Ich habe mir bei dem immer Totos »Hold The Line« gewünscht. Eigentlich ein gruseliger Mucker-Song, aber wie der Typ das Gitarrensolo eins zu eins auf seinem Minikeyboard nachspielte und dabei mit der anderen Hand noch den Flügel bediente, das hat mich so beeindruckt, dass ich es immer sehen wollte. Ich bin da eben einfach gestrickt. Und hey, es gibt schließlich auch noch zwei, drei schlimmere Nummern.

Wie dem auch sei: Ich mag dieses romantische Bild des Klavierspielers, der gleichzeitig der Kummerkasten für die Gäste ist. So einen hätte ich auch gern. Bei dem ich mich jeden Abend an die Bar setze und dem ein bisschen zuhöre und ab und zu mal einen Drink spendiere, wenn ich das Gefühl habe, dass er mir ganz besonders aus der Seele spricht. Und dann treffen sich da jeden Abend dieselben gestrandeten Personen im Laden und jammern sich gegenseitig voll. Okay, ein bisschen gruselig ist es schon. Denn man könnte zu Recht sagen, dass ich dafür nur in eine dieser zigarettenvergilbten Spelunken gehen müsste, wie es sie an jeder Ecke gibt. Wenn man da vier, fünf Abende in Folge hingeht, zählt man schon als Stammgast, bekommt automatisch hingestellt, was man immer trinkt, und kann sich mit den anderen Gästen um die Wette über das Leben beklagen.

Ja, aber, sage ich da, ohne Klavierspieler! So funktioniert das nicht.

Und warum ist dieses Stück jetzt so ein guter Rausschmeißer, der beste gar? Irgendwie rundet das den Abend ab. Das hat Sehnsucht, das hat Freude, das schmeckt nach Bar und Whiskey, und es geht um den Entertainer, der immer bis zum Ende bleiben muss. Der DJ verabschiedet sich damit also auch von sich selbst. So spät am Abend noch so meta sein – besser geht's nicht. Und eine Mundharmonika zum Abschied ist immer gut. Punkt.

Musik zum Text:

»Killing In The Name« aus *Rage Against The Machine* – Rage Against the Machine
»Die Internationale« aus *Hannes Wader singt Arbeiterlieder* – Hannes Wader
»Aufstehn« aus *Aufstehn* – Bots
»Back For Good« aus *Nobody Else* – Take That
»Indian Vibes« aus *Indian Vibes* – Mathar
»Les Champs-Élysées« aus *Les Champs-Élysées* – Joe Dassin
»Piano Man« aus *Piano Man* – Billy Joel

Bands und Lieder, die es ungerechterweise nicht in dieses Buch geschafft haben (jetzt aber doch noch)

Diese schlimmen Zweifel, die an mir nagen, sind nicht auszuhalten. Ich habe noch so viele Lieblingsbands und Lieder, aber nicht alle eignen sich für schöne Anekdoten oder längere Abhandlungen. Was also tun? Ganz klar: einfach zeigen! Sozusagen als Epilog dieses wilden Ritts durch die Popmusik.

King Køng
Klar, hätte ich volle Kanne im Ärztetext unterbringen können, ist aber dennoch was anderes. King Køng war das Nachfolgeprojekt von Farin Urlaub. Und zwei Alben lang für mich das Maß aller Dinge. Man hätte mich mitten in der Nacht wecken und mir einen Songtitel zurufen können, ich hätte den sofort wie aus der Pistole geschossen losgeplärrt. Ich mochte einfach das Gefühl, das diese Band mit ihren Songs vermittelte. Das war so befreit und aus dem Bauch heraus. Da waren schon auch ein paar Muckerzwischenspiele dabei, aber im Großen und Ganzen war es einfach reine Liebe zur Musik und vielleicht die Freude von Farin (der sich jetzt Jan nannte) daran, auch mal kompliztertere Songstrukturen auszuprobieren, als das bei den Ärzten möglich war. Das erste Album, *King Who?*, hatte dabei vielleicht noch am ehesten den Hit zu bieten, der auch die alten Ärzte-Fans mitnehmen würde: »Peels«. Scheiterte aber wohl am Englisch (»*I just want to be straightforward – Here's what I would like to do:/Can I sleep with you?*«). Ich fand das großartig. Auf der ersten Tour ist dann auch mein Bruder mit mir zu deren Konzert in der Bonner Biskuithalle gefahren, einem Veranstaltungsort für geschätzte 500 bis 1000 Besucher (ich bin im Schätzen

wirklich grottig), und anwesend waren: fünf zahlende Gäste. Man hörte auch, der Großteil der Tour sei genauso schlecht gelaufen, aber die machten sich nix draus, kamen auf die Bühne und begrüßten die Zuschauer gut gelaunt mit: »Herzlich willkommen zu unserer öffentlichen Probe. Bevor wir anfangen, geben wir erst mal jedem im Saal einen Drink aus!« Damit kamen sie von der Bühne runter und verteilten die Getränke unter den Anwesenden. Ich hatte eine Cola von Farin bekommen! Was war ich für ein glücklicher 14-jähriger! Dann durfte ich bei einem Lied (»Money«) sogar auf die Bühne und den Anfang mitsingen, weil denen da oben wohl auch aufgefallen war, dass ich wirklich jede Zeile lauthals schmettern konnte. Nach dem Konzert signierten sie mir noch alle Platten und Bilder und das ganze Werbematerial, das ich dabeihatte. Himmel! Auch das zweite, etwas unheimlichere Album (für mich fühlte sich das damals »erwachsener« an) war super. Auch da war ich wieder auf dem Konzert, diesmal im Kölner Underground, einer deutlich kleineren Location. Das Booking hatte wohl gelernt, diesmal war gut was los. Mein Bruder und ich hatten uns vorher Pappgitarren gebastelt und sind damit hin. Der neue Bassist hat uns dann auch auf die Bühne geholt, und wir haben mit denen zusammen »gerockt«. Ich habe es also bei jedem Konzert zu meiner Lieblingsband auf die Bühne geschafft. Wer kann das schon von sich behaupten?

Ab dem dritten Album hatten sie dann leider irgendwie ihren Zauber verloren, ich glaube, Farin / Jan war da schon nicht mehr so ganz bei der Sache. Vielleicht war es die andauernde Erfolglosigkeit, vielleicht war das aber auch schon der Vorabend der Ärzte-Reunion, man weiß es nicht. Aber eins weiß ich: Das war fantastische Pubertätsbegleitung.

The Lemonheads

It's A Shame About Ray war eine Platte, die ich mir gekauft habe, weil ... ja, warum eigentlich? Ich habe keine Ahnung, vielleicht gibt es Platten und Hörer, die einfach füreinander bestimmt sind. Ich hatte den Namen »Lemonheads« schon mal gehört, kannte aber kein Lied von denen. Ich wusste nur, dass die halt Indie waren. Und da stand diese Platte eines Tages als Neuheit im Indie-Regal, und ich hatte wohl gerade Geld übrig, und da habe ich sie mir einfach gekauft.

Vielleicht hat man bei solchen Spontanplattenkäufen auch eine höhere Bereitschaft, die zu hören und gut zu finden? Das habe ich mich früher schon mal gefragt. Als ich bei VIVA war, habe ich mir ja im Prinzip nahezu jede Platte als Promo bei den Plattenfirmen bestellen können, und die wurde dann direkt geschickt, ohne dass ich dafür etwas hätte bezahlen müssen. Aber die habe ich dann mit nach Hause genommen, auf einen Stapel gelegt und dann irgendwann viel später vielleicht einmal reingehört. Smokin' Suckaz wit Logic sind dafür ein gutes Beispiel. Super-Band, Super-Platte, aber bis ich die mal gehört und bemerkt hatte, wie toll sie ist, hatten die sich schon wieder aufgelöst. Aber eine Platte, die man sich selbst gekauft hat, die hört man viel bewusster. Und *It's A Shame About Ray* war eben so ein Fall. Aber, das muss man sagen: Das ist auch einfach eine ganz hervorragende Pop-Platte von Evan Dando. Dieser ganze Schmelz, den der da reingelegt hat. Dieses leicht Brüchige, Verliebte, Besondere. Die traurigeren Lieder sind nicht zum Weinen, sondern machen glücklich, und die glücklichen Lieder sind zum Heulen schön. »My Drug Buddy«, die schaurig schöne Hymne über eine ungesunde Beziehung, ist dabei mittlerweile mein Lieblingslied. Auch als die Band jüngst zum Jubiläum noch einmal mit genau diesem Album tourte, stellte sich heraus: immer noch großartig, hat kein bisschen Staub angesetzt. Dabei habe ich gelernt: Alles, wo »Lemonheads« draufsteht, kann man blind kaufen.

Semi Precious Weapons

Ich bin mit meiner besten Superfreundin zu Lady Gaga gegangen, weil ich durch eine andere Freundin überraschend Gästelistenplätze bekommen hatte. Und dann saßen wir da und warteten gespannt, was wohl passieren würde. Ich bin vielleicht nicht unbedingt ein Lady-Gaga-Fan, aber ich finde sie als Künstlerin schon gut. Jung, frisch, neu und hat genug von der früheren Madonna, um eben noch ein richtiger Star zu sein. Die jetzige Madonna kann ich irgendwie nicht mehr ernst nehmen. Ich finde die Songs mittlerweile nur noch zum Abgewöhnen. Und denke sehnsüchtig an »Like A Prayer«, »True Blue« oder »Like A Virgin«-Zeiten zurück. Als Pop bei ihr noch in Großbuchstaben geschrieben wurde. Heute läuft sie eigentlich nur noch hinterher. Und zwar Leuten wie Gaga, was ja deswegen so lustig und absurd ist, weil diese Leute sich ja wiederum ganz offensichtlich auf die frühere Madonna beziehen. Es ist ein kompliziertes Zitat-Gewirr geworden, heutzutage Pop zu genießen. Was beneide ich da die Jugend, die sich um Zitate noch gar keinen Kopf machen muss. So wie damals in unserer Jugend, als die Guns-N'-Roses-Fraktion dachte, »Knocking On Heaven's Door« wäre ein Song von Axl Rose.

Bevor das Lady-Gaga-Konzert aber losging, sollte noch eine Vorband kommen. Es wurde plötzlich dunkler im Saal, die Musik vom Band hörte auf, die ersten Leute jubelten vorsichtig. Auf der Bühne ein überdimensionaler Vorhang. Davor mannshoch großkopierte Champagnerflaschen mit einem Gesicht drauf. Und davor wiederum eine Rockband. Schlagzeug, Bass, Gitarre. Die Band fing an zu spielen. Ein klassisches Rock-Riff, blues-inspiriert, AC/DC-Style. Und mit einem Mal kommt ein

Typ auf die Bühne: Kurze, blondierte Haare, schlaffes, zu großes Unterhemd. An einem Handgelenk baumelt ein dicker Glaskristall an einer Kette. Der Typ trägt irgendwelche Leggins und hochhackige Stiefeletten. Er tritt ans Mikro und brüllt und singt seinen ersten Satz an diesem Abend: *»I can't pay my rent, but I'm fucking gorgeous!«*

Chiara und ich waren sofort elektrifiziert. Der Typ hatte mit einem Satz die komplette O$_2$ World mit seiner Präsenz gefüllt. Die Lieder waren cool, rockig, ein bisschen altmodisch, deswegen so toll. Hier war einer, der auf alles und jeden pfiff und seinen Stiefel durchzog. Wie geil. Und auch wenn ich bislang so ziemlich alle homoerotischen Tendenzen von mir weisen konnte: Der hat mich auch total angemacht. Weil er einfach absolut sexy war und das auch wusste. Ich habe mir noch an dem Abend ein Shirt gekauft und als das Album raus war auch endlich die CD. Große Rock-Platte. Hammer.

Tatsächlich handelt es sich dabei um einen langjährigen Freund und Weggefährten von Lady Gaga. An dem Abend hat er erzählt, dass sie am Anfang ihrer Karriere bei denen im Vorprogramm aufgetreten war und sie deswegen jetzt wiederum mit auf Welttournee genommen hat. Wie cool ist das denn bitte? Es gibt bei YouTube auch ein Live-Video der Band, bei dem Lady Gaga sogar *stagedivet*. Bis dahin alles richtig gemacht.

Mittlerweile hat sich die Band aber wohl überlegt, Geld verdienen zu wollen oder so, und macht seit Neuestem angepassten Radio-Sehnsuchts-Elektro-Sound. Langweilig und sehr schade. Aber für mein bis dato schwulstes Gefühlserlebnis: ewiger Dank.

Vulgar Display Of Power
Diese Platte von Pantera ist ein Schlag in die Fresse! Das sagt zumindest das Cover. Für das wohl tatsächlich zahlreichen Fans in die Fresse gehauen wurde, die sich freiwillig für zehn Dollar

dazu bereit erklärt hatten und Schlange standen, um sich für das Foto eine Faust zu fangen. Eine andere Version, vom Pantera-Gitarristen Dimebag Darrell, lautet, dass es ein Typ war, der sich für zehn Dollar dreißig Mal in die Fresse hat schlagen lassen, bevor sie das perfekte Foto hatten. Der Fotograf des Bildes hat alles dementiert und meint, der Typ wäre kein einziges Mal *wirklich* getroffen worden. Bleiben wir lieber bei der Legende.

Die Platte selbst ist aber ziemlich genau das, was das Cover verspricht: ein Schlag in die Fresse eben. Und was für einer. Ich kenne bis heute keine einzige Metal-Platte, die dieses Album übertrifft. Es gibt sicher härtere, vielleicht schnellere und womöglich lautere Platten. Aber keine einzige bringt Energie, Kraft, Power so auf den Punkt wie diese. Alles fügt sich perfekt zusammen, die Gitarre ist manchmal beinahe *funky*, auf eine erschreckend kompromisslose Art. Die Songs sind raffiniert arrangiert, aber es ist kein Kopf-Metal, wie zum Beispiel auf früheren (großartigen!) Metallica-Alben wie *Master Of Puppets*, wo der Titeltrack gefühlte 37 Breaks und Tempowechsel hat. Die Pantera-Songs dieser Platte sind ein Sprung mit dem nackten Arsch ins Gesicht des Hörers. *In your face*. Keine Kompromisse. Die ganz große Kunst der Metal-Komposition, die sie so dicht später auf keiner Platte mehr hinbekommen haben. Für die meisten Bands gibt es eben nur diese eine Platte, auf der alles stimmt. Was für ein Meisterstück des In-die-Fresse-Genres!

Bernd Begemann
Man sollte alles von Bernd Begemann hören. Immer. Das ist ein kluger und toller Mann.

I'm from Barcelona
Indie ist ja auch nicht mehr, was es mal war. Als ich jung war, da hat man sich die Gitarre umgeschnallt und geguckt, was dabei

rauskam. Heute ist das den meisten schon zu heikel. Die Demokratisierung des Pop hat auch dafür gesorgt, dass die meisten Bands aus zwei Leuten bestehen, von denen sich mindestens die Hälfte auf der Bühne in ihrem MacBook verkriecht. Nichts gegen schüchterne Bands, die gab es schon immer, aber die haben dann Shoegaze gemacht, und das hatte noch ein gewisses Lautstärkepotenzial. Heute werden einzelne Töne ewig stehengelassen, und alles soll so ein bisschen trist sein und daraus seine Schönheit beziehen. Das ist aber keine Tristesse, das ist Instagram-Tristesse. Der einzelne Schuh, der über der Ampel hängt. Am besten fotografiert mit einem Super-Filter. Das soll »trist« sein, ist aber nur eine Vorstellung davon, und in Wirklichkeit ist es einzig und allein langweilig. Das Kaufhaus-Restaurant im Karstadt in deiner Fußgängerzone: DAS ist trist. Aber das lässt sich nicht so gut fotografieren oder in Songs besingen. Worauf ich aber eigentlich hinauswill: Das ist doch alles Käse. Tristesse war noch nie ein guter Kunstberater. Liebe ist da ein viel besserer!

Und da kommen wir zu einer meiner jüngsten Lieblingsbands: den Schweden von I'm from Barcelona. Ich habe zufällig ein Video von denen gesehen und auf den ersten Blick schon Angst bekommen, weil die alle so gut und modern gestylet waren. Aber schnell hat mir der Song »We're From Barcelona« gezeigt, wo es eigentlich langgeht: sehr fröhliche, glücklich glucksende Songs voller Liebe, die jeden umarmen und eine bessere Welt zeigen wollen. Wie supertoll. Dazu im Schnitt 25 Leute auf der Bühne, weil der Sänger einfach seinen ganzen Freundeskreis als Band dabeihaben will. Und wer kein Instrument spielen kann, der singt eben einfach im Chor. Echte Freundschaft auf der Bühne, das zu sehen macht total glücklich und steckt mit seiner guten Laune sofort an. Die Lieder handeln von allem Möglichen, auch wenn es auf dem zweiten Album etwas ernsthafter zugeht. Das muss nach einem superpositiven Optimismusmeisterwerk wie *Let Me Introduce My Friends* vermutlich auch so sein, damit man nicht als dauergrinsender Psychopath gilt oder gar dazu wird. Aber ich singe immer noch jedes Lied mit. Am liebsten »The Painter« mit dem schönen Refrain: *»Don't give up on your dreams now, buddy«*. Hach. Ich liebe die schon sehr.

Vermutlich habe ich jetzt noch eine Milliarde Platten, Bands und Songs vergessen. Aber sei's drum. Wenn man alles gehört hat, was ich auf diesen Seiten beschrieben habe, beginnt ja erst der spannende Teil: von dort aus selbst auf Entdeckungstour zu gehen. Wir sehen uns an der Plattenkiste auf dem Flohmarkt!

Musik zum Text:

»Peels« aus *King Who* – King Køng
»Suckaz Tri 2 Play Me« aus *Playin' Foolz* – Smokin' Suckaz wit Logic
»My Drug Buddy« aus *It's A Shame About Ray* – The Lemonheads
»Telephone« aus *The Fame Monster* – Lady Gaga
»Cherish« aus *Like A Prayer* – Madonna
»Semi Precious Weapons« aus *You Love You* – Semi Precious Weapons
»A New Level« aus *Vulgar Display Of Power* – Pantera
»Battery« aus *Master Of Puppets* – Metallica
»Bist du dabei? « aus *Solange die Rasenmäher singen* – Bernd Begemann
»The Painter« aus *Sing!!* – I'm from Barcelona

Danke an:

Anne. Für diese Idee einerseits, aber noch eine Fantastilliarde Mal mehr fürs Anne-Sein.

Chiara. Soulmate, la mia miglior amica del mondo! Per sempre!

Töchterchen. Durch dich macht alles erst Sinn. Dieses Buch ist für deine Enkel!

Roman. Unsere Freundschaft kann alles. Wir haben noch gar nicht angefangen!

Suzie. Für die ständige Vertretung. Und die besten Mixtapes, die ich je aufgenommen bekam.

Ansa, Boris, Jitka und Kathi for backin' me up.

Stephan Kleiner fürs lustige und effektive Lektorat und den Spaß an diesem Mixtape, Kathrin Lemmen und allen bei DuMont.

Sarah Kuttner, Sibylle Berg und Markus Heidingsfelder für den Support.

Hallo und thank you for being a friend: Waldi, Rami, SchmiLü, Hilli, Peta, The Hielschers feat. Sgt. Pepe, Die Bolmskis, Malcolm, Klausi, Herm, René, Batz, Johnny, Tanja, Paula, Maike, Sarah, Stefan (Krankensaug?), meine Short Cuts Gang, Frankie (BINGO!), Beatrice, Klee, Kai, die Dede (und der Pehlmann), Berliner Kneipenchor und natürlich alle meine Facebookfreunde, Twitterfollower und Blogleser – ihr seid die schönsten Menschen des Internets.

Zu guter Letzt: Danke an meine Familie. You rock.

So, ich glaub, das Tape ist zu En.......KLACK!